名家点金·文物知识系列

工艺卷

中国文物学会专家委员会主编

山东教育出版社

目　录

一

漆器篇

中国是漆器的发源地。早在新石期时代晚期，我国先民就认识了漆耐潮、耐高温、耐腐蚀的性能和美丽的光泽，因此将它用于生产工具的粘连、加固，继而涂刷于生活日用的陶器、木器上，原始的漆工艺和漆器制品就这样诞生了。此后历经商周直至明清，漆器技术不断进步，工艺不断革新，精益求精，在六七千年的时间里创造了灿烂的漆文化。尤其是在战国至汉代、元代至清代，漆工艺的发展形成了两个高峰，取得了巨大的艺术成就，为后世留下了无数神奇瑰丽、珍贵无比的漆艺精品。

漆器不仅是中国工艺美术的重要组成，在世界物质文明史上也有重要的地位。戗金、描金等创于中国的漆器工艺还走出国门，对日本等地产生了深远的影响。

1. 什么是漆器？

漆器是中国发明的一种古老的传统手工艺品。以漆液涂在器物表面，制成的日常器具或工艺美术品。

漆液是漆树上分泌出的一种半透明状、灰乳白色的液体，遇到空气氧化后，便成黑色。漆树生长五至十年后即可割漆，即将漆树皮用刀切口，插入竹管外导。这就是天然生漆，俗称大漆，主要成分是漆酚、漆酶、树胶质及水分等。用它作涂料，有耐潮、耐高温、耐腐蚀等特殊功能。生漆直接调灰料、漆糊，用以做漆胎，经过加工提炼可调制成多种色漆，光彩照人。

中国古代漆树的种植十分普遍。《尚书·禹贡》记："兖州、豫州贡漆。"说明远在夏禹时代，生漆就被作为贡品。周代漆树成为主要的经济林木，纳入林业管理规划之中，政府设有专官管理。此后历代对漆树的种植和管理都十分重视。明太祖朱元璋于洪武年间，在南京东郊建立皇家漆园、棕园、桐园，种植漆、桐、棕树各千万株，以建造海军战船。今南京孝陵卫有明代三种园林的遗址。陕西平利县牛王庙，保留着清代对漆林管理的碑文。现今漆树在中国分布普遍，主要有贵州、四川、云南、湖南、江西、安徽、陕西、河南等地，越南、朝鲜、日本、泰国、印度等地也有种植。

图1 "张成造"剔红人物盒
元
通高4.4厘米 口径12.3厘米
现藏中国国家博物馆

图2 漆树

2

3

中国古代以漆涂物称为"髹"，用漆绘制图案纹样称为"饰"。古代先民很早就发现漆树上流出的漆液具有粘性和美丽的光泽，因此将其用于粘连、加固生产工具，继而涂刷到日用生活的陶木器上，并进一步用漆调兑成各种颜色用于装饰和髹涂各种不同的胎骨，漆器及漆器工艺由此诞生。据文献记载，远在虞舜之时，已有漆制的用具。《韩非子·十过篇》称虞舜时期，"作为食器，斩山木而财之，削锯修之迹，流漆墨之上，输之于宫，以为食器。禹作为祭器，墨染其外，而朱画其内"。现代考古发掘资料证明，早在新石器时代晚期，中国先民已开始用漆树的汁液来涂抹食器和装饰器皿。可见漆的使用和漆器的出现，在我国至少已有六七千年的历史。

2. 漆胎

漆胎是承受漆饰之物。《髹饰录·质法》第十七条杨明注曰："质乃器之骨肉，不可不坚实也。"说明漆器胎骨对制器的重大影响。关于漆胎的品种，《髹饰录·质法》记载有篾胎、藤胎、铜胎、锡胎、窑胎、冻子胎、布心纸胎等。目前所见中国古代漆器以木制胎骨为主。木胎漆器也是现代人所认为的标准的漆器。金属、竹、藤、皮、夹纻、纸、陶、紫砂、瓷等胎体的古代漆器也有所见，但数量很少。

以木材作漆器胎骨，是最古老的做法，并一直沿用至今。木质适宜髹漆，髹后木质不宜被浸腐，能抵抗潮湿，保护其牢固，又能增进美观。木胎制作方法有斫削、碹凿、卷接、圈胎、雕刻等多种。斫削方法简单，大多采用整块木料先挖制成型，再斫削外型。圆形器物多采用挖制内部碹制器表。早期漆器多采用这种制胎法，器物外表留有碹制加工痕迹，器体多较厚重。卷接是将长条形薄木条卷合起来成圆桶状，用漆液粘合，作成器物的胎体再依所需装上盖、底板拼合而成。这种方法在战国时期的楚国已出现，是漆器胎体制造工艺的一大进步，并逐渐成为主要的制胎方法。圈胎是采用薄杉木条，水浴加湿，弯曲成圈，一圈圈卷叠胶粘成形，外裱麻布，施漆灰，然后髹漆。这种制胎方法出现在唐

图3　彩漆鸳鸯形盒
战国
长20.1厘米　宽12.5厘米　高16.5厘米
1978年湖北随县曾侯乙墓出土
现藏湖北省博物馆

图4　夹纻胎黑漆朱绘虺龙纹樽
战国
盖径21.5厘米　底径17厘米　通高11.7厘米
1980年四川青川郝家坪出土
现藏四川省文物管理委员会

4

代，优点就是将各圈接口错开，分散木条的应力，使器身不易变形，又坚固耐用。雕刻有透雕、圆雕、浮雕及榫卯结构、粘接工艺等方法，大大丰富了胎体的造型。如湖北江陵望山楚墓出土的漆绘透雕动物纹座屏，整体运用透雕、圆雕、浮雕相结合的手法，雕刻出相互交织的动物55个，其中有大蟒20条，蛇17条，蛙2只，鹿、凤、雀各4只，非常精彩。战国时期的木胎漆器，早期的木质胎骨比较厚重，器物不够轻巧，至中、晚期胎骨减薄，薄木胎器明显增多。此后，薄木胎漆器成为主流。

夹纻胎又叫"重布胎"，现代称之为"脱胎"。做法是以泥、木、石膏等材料塑造器物模型为胎模，然后在纻麻布上涂漆，胶于模上，层层裱褙刮灰，待麻布干实，去掉胎模，磨光表面，即成胎骨。夹纻胎具有胎薄体轻，造型随意，不易变形开裂等特点，至迟在战国中期已经出现，是漆器胎骨的一大进步。1964年湖南长沙左家塘三号墓出土的黑漆杯和彩绘羽觞，1980年四川青川郝家坪出土的黑漆朱绘虺龙纹樽，为战国时期夹纻胎的代表。汉代夹纻胎广为流传。《盐铁论·散不足》中已使用"纻器"名称。河北满城汉墓出土的漆盘上有"御褚饭盘"铭文，"褚"即为"纻"的假借字。西汉后期的夹纻胎漆器在铭文中多称作"纻"，东汉则称"侠纻"或"续纻"、"夹纻"。湖南长沙马王堆汉墓、安徽天长祝涧三角圩汉墓等均出土有汉代夹纻胎漆器。汉以后历代皆有制作夹纻胎漆器，魏晋南北朝时期随着佛教的盛行，还出现了夹纻胎佛像。

皮胎漆器如江陵拍马山和长沙五里牌出土的漆甲、漆盾等，均以皮为胎，髹漆作彩绘。马王堆汉墓出土有竹胎漆器，四川绵阳双包山二号西汉墓出土有陶胎漆钟、漆鼎。故宫博物院藏有瓷胎漆器，如剔犀如意云纹花觚，瓷胎，外底露出白色瓷胎，有蓝色双圈"大明成化年制"楷书仿款。

【小辞典·紫砂】

用紫砂泥烧成的无釉陶器。使用的是高岭土、石英、云母类黏土，含铁量高。烧成温度为1100~1200℃。烧成后呈红褐色、

图5　瓷胎剔犀如意云纹花觚
清早期
高44厘米　口径21.5厘米
现藏北京故宫博物院

图6　竹胎黑漆朱绘龙纹勺
西汉
全长62厘米　斗径11厘米
1972年湖南长沙马王堆1号墓出土
现藏湖南省博物馆

淡黄色或紫黑色，胎质坚实细密。有的烧成后还要经抛光或擦蜡，一般不施釉。主要产品是茶壶，同时还有茶杯、花盆、文具、挂屏或陶塑等。出现于明代中叶，沿用至今。江苏宜兴是紫砂的主要产地。

3. 描漆

描漆是在光素的漆地上用各种色漆、花漆绘纹的装饰方法。据《髹饰录》记载又名"描华"、"设色画漆"。因使用原料不同，又分为描漆、描油两种。油可调制出各种颜色，而漆不能配制天蓝、雪白、桃红等色，因此描漆中也有描油，古代不少描漆漆器实为描油漆器。

描漆是中国古代漆器重要的装饰方法，也是出现最早的装饰方法之一。江苏吴江团结村良渚文化遗址出土的一件漆绘陶杯，即在器表棕色漆料上用金黄和棕红色漆绘纹饰。战国、秦汉时期的彩绘漆器，都可归入描漆类，在当时是很考究的做法。

战国时期，彩绘是楚国漆器最为流行的装饰手法。色彩丰富，除以红、黑两色为其基本色调以外，还使用黄、蓝、绿、白、褐、金、银等色。彩绘时采取平涂画与线条画相结合的方法。由于当时使用毛笔作为彩绘工具，因此漆器上的彩绘线条显示出流畅生动的特点。湖北荆门包山2号墓出土的彩绘漆棺，棺内髹红漆，棺外髹黑漆，通体以红、黄二色漆及金银粉共饰九个单元的龙凤纹样，每单元绘四龙四凤，色彩鲜明。河南信阳长台关楚墓出土的锦瑟，至少使用了鲜红、暗红、浅黄、黄褐、绿、白、金等九种颜色，色彩之丰富，代表了战国彩绘漆器的成就。

秦汉漆器彩绘有着鲜明的统一风格和时代特征，既反映了楚文化遗风影响，又表现出新的创新意识。描绘的图案更加丰富，色彩多样，除红、黑两色为其基本色调外，其他色彩如黄、绿、灰、赭、金、银等色都基本具备，同时还能调制出油彩，使漆器的色彩更加丰富，是汉代漆器工艺在用色方面的一大进步。

三国漆器彩绘用色相当讲究，有朱红、红、黑红、金、浅灰、深灰、赭、黑等。大部分是用黑漆勾画轮廓，再根据需要在轮廓

图7　彩绘漆棺
战国
长184厘米　宽46厘米　高46厘米
1987年湖北荆门包山2号墓出土
现藏湖北省博物馆

图8　描油花蝶纹委角长方盒
清
高6.2厘米　长21.7厘米　宽18.1厘米
现藏北京故宫博物院

内涂金、红等色漆，最后用红漆或黑漆勾画发式、五官、衣纹之类，形成丰富的层次。如鱼纹，依次用金、浅灰以及深灰色来表现由腹到脊的层次变化，增强作品的立体感。在漆画用色中，较汉代增加油彩的使用分量，一些浅色部位，像人面、手足、鱼腹等，都是采用油调粉绘制而成。

描漆发展至明、清，由于雕漆、填漆的发展流行，已不算是名贵品种，数量大大减少。清代描漆还相当考究，有"黑理钩描漆"、"划理描漆"、"黑理钩描油"、"金理钩描油"、"划理描油"等手法，用黑漆描花纹的轮廓、纹理，或不加轮廓的设色画，甚至还有可以表现浓淡晕染的笔法。清代统称其为"彩漆"，是雍正、乾隆时期漆器的主要品种。因当时漆色单调，不能调出翠绿、雪白、粉红等色彩，故以桐油代替，使色彩更为丰富多样，所以描漆中还大量使用油彩，有的几乎全为油彩，方法与描漆相同。如描油花蝶纹委角长方盒，通体糅黄色漆地，上描饰三种锦纹，盖面饰花蝶纹，四壁饰缠枝花卉，色彩艳丽、丰富，描饰极工，为描油类漆器中的佳作。

4. 雕漆

雕漆是在堆起的平面漆胎剔刻花纹的技法。常以木灰、金属为胎，用漆堆上，少则八九十层，多达一二百层，待漆半干时描上画稿，并施加雕刻。一般以锦纹为地，花纹隐起，精丽华美而富有庄重感。

根据雕漆的颜色不同，有剔红、剔黄、剔黑、剔彩、剔犀等区别。剔红、剔黄、剔黑的做法是在器物胎骨上糅红、黄、黑漆，少则几道几十道，多则百余层，然后在漆上雕刻花纹。剔彩在工艺上较复杂，是在器物上分层漆上不同颜色的漆，每层若干道，使各色都有相当的厚度。当剔刻需要某种颜色时，便剔去在它之上的漆层，再在需要的漆层上面刻花纹，具有"刻法深浅，随妆露色"的特点。《髹饰录》中称之为"重色雕漆"和"堆色雕漆"，杨明注释："重色俗曰横色，堆色俗曰竖色。"横色是在器物上用不同颜色的漆，分层髹饰，然后剔刻花纹，是较为常见的一种剔

图9　剔犀云纹执镜盒
　　南宋
长27厘米　直径15厘米
1977年江苏武进南宋墓出土
现藏常州市博物馆

图10　剔彩菊花纹圆盒
　　明中期
高4厘米　口径6.5厘米
现藏北京故宫博物院

彩方式。因一器之上具备各种漆层的颜色，故称其为"重色"。竖色是先以单色漆髹饰，然后将图案处的漆剔除，填入所需的色漆，再雕刻花纹细部，是较为少见的一种剔彩方式。剔犀是用二种或三种色漆，在器物上有规律地逐层积累起来，至相当厚度后用刀剔刻花纹，刀口断面可以看见不同的色层，与其他雕漆效果不同。

文献记载唐代已出现雕漆。明代黄成《髹饰录》说唐代雕漆："多印板刻平锦朱色，雕法古拙可赏，复有陷地黄锦者。"其后的杨明对《髹饰录》加注补充道："唐制如上说，而刀法快利，非后人所能及，陷地黄锦者，其锦多似细钩云，与宋元以来之剔法大异也。"这两位髹漆名匠概括了唐代雕漆的基本特征，只是目前尚未有实物佐证。

宋代雕漆，明人高濂在《燕闲清赏笺》中称："宋人雕红漆器，以朱漆厚堆至数十层，始刻人物楼台花卉等象，刀法之工，雕镂之巧，俨若图画。"目前所见实物主要有剔犀、剔黑、剔红三个品种，均达到较成熟阶段。剔犀器主要有江苏金坛周瑀墓出土的团扇柄，为"乌间朱色"的做法；四川彭山南宋虞公著夫妇合葬墓出土的圆盒形残件，为朱面剔犀器；江苏武进南宋墓出土的云纹执镜盒，褐底黑面，从刀口处可见朱、黄、黑三色漆更叠，雕云纹。剔黑器有流传到日本的醉翁亭图盘和婴戏图盒，两件作品刻法相同，风格相似。故宫博物院收藏的一件剔红桂花纹香盒被认为是南宋时期的作品，刀法纤细工整，藏锋不露，与唐代"刀法快利"，锋棱显露的风格截然不同。

元代雕漆已发展到炉火纯青的程度，并形成名家辈出的局面。张成、杨茂、张敏德即为其代表人物，他们的作品代表元代雕漆的最高水平。元代雕漆整体风格与宋代接近，《髹饰录》记载："宋元之制，藏锋清楚，隐起圆润，纤细精巧。"装饰图案主要为花卉鸟禽、山水人物。以花卉为题材的作品，改变了以往折枝、小朵花卉的衬托地位，多采用大朵花满铺的表现手法，一般不刻锦纹，而是在黄漆上直接雕刻花卉。构图或以一朵花卉为主题，旁衬数个含苞欲放的花蕾，或几种花卉集于一器之上。常见的花卉主要有栀子花、秋葵、山茶、牡丹、梅花、兰花等。以花鸟

図11　"张成造"剔犀云纹盒
元
通高6.5厘米　口径14.5厘米
现藏安徽省博物馆

图12　剔红花卉诗句图笔筒
清·乾隆
高12.5厘米　口径12厘米
现藏北京故宫博物院

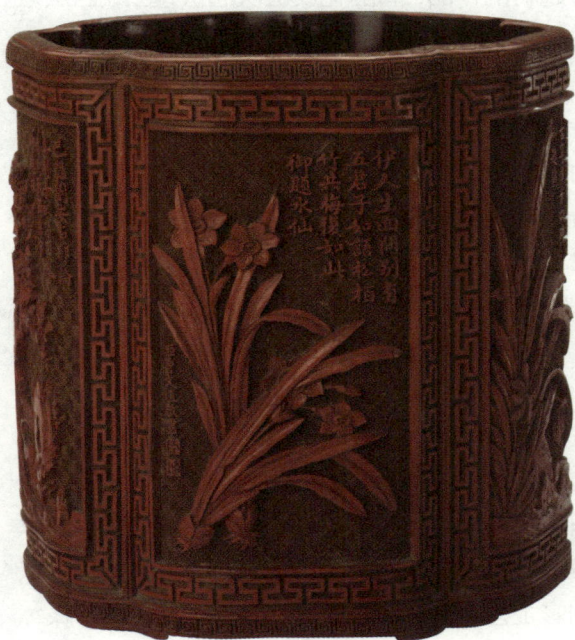

题材为主的作品，黄漆为地，不刻锦纹，花卉衬底，上压飞禽。这种具有时代特征的装饰风格，直到明初仍继续使用。以山水人物为题材的雕漆作品，一般刻有三种不同形式的锦纹，天锦用曲折回转单线，类似窄长的回纹表示，水锦用波纹组成，地锦以方格或斜方格内饰多瓣形小花表示，似繁花遍地，表示天、水、地的不同空间，画面层次清晰。这几种锦地在南宋雕漆上已见使用，到元代更加普遍。也有以其中一种做整个图案的锦地装饰，在此背景下，刻画出树木殿阁、人物等。

元代剔犀作品很少，北京故宫博物院收藏的剔犀云纹圆盒，通体黄漆素地雕朱漆如意云头纹，刀口断层处露出黑漆线，正是《髹饰录》中所说的"红间黑带"做法。另安徽省博物馆收藏有"张成造"剔犀云纹盒，堆漆肥厚，刀法圆润浑厚，与上器似出自一人之手，代表元代剔犀工艺的最高水平。

明代永乐、宣德朝果园厂雕漆成就最为突出，有剔红、剔绿、剔黄、剔黑、剔彩、剔犀等多种，以剔红为主。由于元代张成后代等人掌管着果园厂雕漆的生产，雕工浑厚，丰腴圆熟，磨工圆滑不露刀锋，保持着元代雕漆的基本特征。为表现景物的主体效果，尤其是花卉题材的作品，有的花纹层次起伏达三、四层之多，盘枝错梗，错落有致，几近圆雕。这种纹饰起伏的表现手法，是果园厂雕漆的新发展。

明中期雕漆作品的突出变化表现在漆层减薄，纹饰的层次感不强。有些作品的图案与锦地漆层似乎厚度相当。尤其在雕刻刀法上，虽还保留着早期雕漆藏锋清晰、磨熟棱角的一些传统，但也明显表现出刀锋快利、磨工不细、磨退不够圆滑的特征。如剔黑开光梅瓶，刀法既不同于明早期那种浑厚圆润、藏锋清晰的特点，又与嘉靖、万历时的那种刀法快利、锋棱尽在的特征有所区别，是介于两者之间的一种过渡阶段的作品。

明代嘉靖、万历时期，雕漆成就依然突出。剔彩漆器骤然增多，一跃成为雕漆的主流产品。重色雕漆是这时期剔彩的主要技法，主要体现在色彩和雕工上，多采用红、黄、绿三色漆分层平涂，剔刻出黄龙、绿水、红花、绿叶、黄蕊等各种色漆图案。堆色雕漆是这一时期剔彩工艺的创新技法，但仅限于表现花筋叶脉等局部纹饰。这一时期雕漆雕工的新特点是刻后不磨，棱线清楚有力。万历较嘉靖刀工更甚一筹，峻深陡直，纹饰纤细整齐，运刀如笔，显示出锋棱之美。这种特点为万历前后所不见，形成一种新的艺术特色，成为我国雕漆承上启下的重要时期。

明代万历以后的官办漆器作坊的生产跌入低谷，苏州、扬州雕漆则一跃成为南方的制漆中心。至明代末期，雕漆在工艺上明显不如嘉靖、万历，其风格与宫廷制器有较大差别，民间艺术风格却较浓厚。

清代雕漆以剔红、剔彩器最多。目前尚未见有顺治、康熙、雍正年款的作品，最多的是乾隆年款，嘉庆年款的仅知有一件，其余均无款。清初养心殿造办处档案中未见有雕漆的记载，雍正十余年间，曾多次试制雕漆，但未成功。乾隆二年、四年有造办处牙匠封岐雕刻漆器的记录，大部分雕漆是由苏州等地承做。清代江南一带的雕漆业极为兴盛，苏州、扬州等地雕漆盛行，工艺水平很高，特别是苏州成为清代雕漆的制作中心。

乾隆时期的雕漆，代表了清代雕漆的最高水平。髹漆肥厚，花纹图案多有起伏层次，人物多采用浮雕手法，具有立体效果。花卉则满花不露地，刻意追求多层次表现，状似交叠、翻卷，刀法玲珑剔透，奇巧别致。整体风格融汇明代早、中晚不同时期的特点，以刀工锋棱毕露、精细纤巧为主流。此种风格一是受明嘉靖、万历雕漆的影响，二是以"牙作"匠人制作雕漆，将牙雕、竹雕技法和风格带进雕漆作品而形成。

剔彩工艺也取得很高的成就。重色雕漆仍很流行，色彩和雕刻技法较明代有很大的进步。漆色仍以红、黄、绿为主，相近色区分明显，使之更加丰富多彩。堆色雕漆有突破性的进步，利用此技法表现主题画面，成为这一时期的显著特征。

【小辞典·锦地】

锦原为丝织物的种类名，花纹精致古雅。漆器上所谓锦地，是指用漆填或描绘出华美的纹样作衬地。锦地常以各种图形连续构成，有绣球、龟背、花卉、云纹、十字、卍字纹等，构图繁密规整，华丽精致。于其上再绘花卉纹者，称锦地花，又称锦上添花，蕴含吉祥寓意。

5. 填漆

填漆，即填彩漆，属于"填嵌类"。是在漆面上刻出花纹轮廓，然后彩填稠漆，磨平如画。《髹饰录·坤集·填嵌》中分填漆有"磨显"和"镂嵌"两种做法。磨显填漆是在做完糙漆之后，未做鲞漆之前就做花纹；镂嵌填漆是待鲞漆做完之后再做花纹。《遵生八笺》："宣德有填漆器皿，以五彩稠漆堆成花色，磨平如画……"《帝京等物略》："填漆刻成花鸟，彩填稠漆，磨平如画……"

填漆实物最早的实例是江苏武进南宋墓出土的填朱漆斑纹地戗金山水花卉纹长方盒，盒面所饰的柳塘图的空地细钩密密麻麻的圆点纹，圆点内填红漆后磨平。这是我国填漆技法的雏形。明清两代填漆技法已相当娴熟。明代永乐年间的官办漆工作坊果园厂，生产填漆和雕漆器物最为出色。例如故宫博物院收藏的一件填漆梵文缠枝莲盒，暗红色漆地，盖面雕莲花一朵，外围缠枝莲花四朵，每一朵托一梵文，外壁有缠枝八朵。莲花填紫色漆，枝填黄色漆，叶填墨绿色漆，填漆后打磨平滑，纹饰规范，为明代填漆器物的代表。

明清两代的填漆多与戗金技法结合使用，称填漆戗金，俗称"雕填"。做法是用填漆的方法做好花纹后，沿着彩色花纹轮廓勾阴文线条，花纹上也阴勾纹理，然后填金，图案花纹有富丽堂皇之妙。

北京故宫收藏的明代果园厂制作的漆器中，有宣德时期的戗金填彩器，数量不多，是所见实物中最早的填漆戗金器。如填漆戗金牡丹花椭圆盒，盖面以红、黄、绿、紫等色漆填出菱花形开光、卍字球形锦纹、折纸牡丹纹、灵芝纹，盖壁饰戗金缠枝牡丹纹，器壁饰戗金卷草纹。盖面边缘阴刻有"大明宣德年造"款。此后，填漆戗金一直是明代重要的漆器品种，有不少佳作传世。

清代填漆戗金工艺水准极高，不仅制作精美，有的还饰有锦

图13　填漆梵文缠枝莲盒
明
高4.1厘米　径8.5厘米
现藏北京故宫博物院

图14　填漆戗金凤纹菱花式盒
清·乾隆
高15厘米　口径32.5厘米
现藏北京故宫博物院

纹地，绚丽华美。雕填的花纹有填成的、描绘的，也有填描兼施的。常见为填漆做锦地，描漆绘花纹，也有描漆做锦，填漆做花纹的。还有雕填漆作品完全以描绘而成的，使雕填漆器徒有其名。代表作如乾隆年制的填漆戗金凤纹菱花式盒，通体髹朱漆并饰各种锦纹为地。盖面菱形开光内饰双凤在缠枝莲中相对飞翔。盖壁六个开光，饰双鹤围绕一磬飞舞，四周绕流云纹。器口沿饰团花锦纹。此盒填漆与描漆工艺并用。盒上锦地为填漆，缠枝花卉及凤纹用描漆。花纹处理采取了分层衬托的手法，并借戗金由疏而密地突出主题。填漆准确，戗金尤精，为以往戗金漆器所不及。

6. 犀皮漆器

犀皮或作"西皮"、"犀毗"，是中国传统的漆器工艺之一。具体做法是：先在器胎上用石黄入生漆调成稠漆，做成一个高低不平的表面，再用右手拇指轻轻将漆推出一个个凸起的小尖，稠漆入荫干透后，上面再一层一层地涂不同色漆多层，各色相间，无一定规律，最后通体磨平，凡是凸起的小尖，经磨平后，都围绕着一圈一圈的不同漆层，呈现出类似松鳞的花纹。明代漆工黄成《髹饰录》中将犀皮列入"填嵌门"，是因凹处受漆较多，具有填嵌之义，并称："犀皮，或作西皮，或犀毗。文有片云、圆花、松磷诸斑，近有红面者，以光滑为美。"据《髹饰录》记载，犀皮还可与戗金或款彩结合，名曰"戗金间犀皮"和"款彩间犀皮"。

犀皮漆器表面光滑，利用自然颜色和层次的变化来达到装饰效果，与人工设色的图案或描绘的物象截然不同。斑纹似片云形的谓片云斑犀皮，似圆花形的谓圆花斑犀皮，似松鳞形的谓松鳞斑犀皮。无论哪种斑纹均天然流动，色泽灿烂，非常美观。

关于犀皮漆器的出现的年代，晚唐人赵璘认为犀皮漆器可能始于唐代，但未见有实物资料。1984年安徽马鞍山东吴朱然墓中出土有一对漆羽觞，两耳边及口沿处镶嵌有铜扣。正面髹黑漆，花纹并不显著，背面纹饰以黑、红、黄三色相间。表面光滑，花纹自由流畅，如行云流水，匀称而富有变化。这对羽觞的髹漆工

图15　犀皮漆羽觞
三国·吴
高2.4厘米　长9.6厘米　宽5.6厘米
1984年安徽马鞍山东吴朱然墓出土
现藏安徽省文物考古研究所

艺技法与明代黄成所说十分吻合，属于"黑面红中黄底片云斑犀皮"技法，是迄今发现最早的犀皮漆器实物，将文献记载的犀皮漆器出现的时间提前了六百多年。

犀皮漆器工艺到宋元时期取得了巨大的发展，制作技术日臻成熟。南宋安徽徽州漆工就利用当地生产的生漆拌和绿松石、丹砂、珊瑚、石黄、青筋蓝、朱砂等有色矿、动物质混合制成犀皮漆（又名菠萝漆），用以制作砚盒、笔筒、笔杆、花瓶、盒盖、扇柄等小品，精彩雅致，古朴大方，曾被选为贡品。从此，菠萝漆风靡一时，徽州漆工成为徽帮一派。后其工艺流传至日本，倍受欢迎和重视。

明清时期，犀皮工艺的发展达到了完美的程度。清代时利用这种工艺制作的漆器，小至匣盒、大到家具，种类繁多，并被作为贡品进献到皇宫大内。代表作如故宫博物院收藏的一件犀皮葵瓣式盒，大约为乾隆时期的作品，以深浅黄色相间成纹，用色不多而层次不少。清代晚期南方漆工常把犀皮用到红木家具上，如琴桌的桌面及腿足中部的开光部分。北京则用犀皮来装饰烟袋杆。犀皮作为一种漆器出现不多见，因此技法和质量日愈下降。

7. 描金漆器

描金是指在漆器表面，用金色描绘花纹的装饰方法。《髹饰录》将描金与彩绘漆器归入描饰类。工艺有两种：一是在漆地上打金胶，再把金涂于金胶之上；二是用金粉调胶之后，直接用笔描绘图案。用一色金作画，为一色描金；用金色深浅不一的几种原料作画，使金色花纹具有色彩的变化，犹如绘画之设色，《髹饰录》中称为"彩金象"描金。描金在黑漆地上的最常见，其次是朱色地或紫色地。

描金做法，日本称为"莳绘"，分为平莳绘、高莳绘和研出莳绘三种。平莳绘即平涂描金做法，高莳绘即识文描金做法，研出莳绘即通过打磨后显现出的效果。明代陈霆《两山墨谈》载："近世泥金画漆之法本出于倭国。"这种说法是错误的。考古发掘证明，我国战国时代已出现描金技法，宋代已臻完美。王世襄先生

图16 鸳鸯形漆豆
战国
高25.5厘米
1975年湖北江陵雨台山427号墓出土
现藏荆州市博物馆

20
21

在《髹饰录解说》中说："可以肯定描金之法是由中国传往日本的，时代在隋唐之际，或更早。当然另一方面，我们也不否认描金漆在日本有它的高度发展，并在一定程度上又反过来影响了中国的漆工。"这种说法是合乎实际的。

战国漆器上使用描金技法，是目前发现最早的实例。20世纪50年代，湖南长沙仰天湖第14、26号战国墓出土两块彩漆雕花木板，发现除朱、黑二色漆外，还大量使用金。1957年河南信阳长台山楚墓中彩绘精绝的小瑟，用极细的金彩在兽身周围作平涂，还在瑟侧的带形图案中用金色点出极细的旋涡、鱼鳞及三点一组的地子花纹。湖北江陵雨台山427号楚墓出土的鸳鸯形漆豆，鸳鸯的头部、双翅等纹饰都施金色描绘而成。这些实例足以证明我国在战国时代已使用描金技法装饰漆器。

宋代描金漆器已非常精美。例如，浙江瑞安北宋慧光塔出土的经函、舍利函，均为檀木胎。经函据器内金书铭记，制于北宋庆历二年（1042年）。全器由内外两函合成。内函除底部外，都用工笔描金饰纹。顶部绘双凤纹三组，以忍冬纹为地；四周绘鸟纹八组，菊花纹为地，盒座四周以菱形网纹为地，内画神兽，绘画线条挺拔自如。外函四周用漆堆塑和雕刻出飞鸟、走兽、花卉和佛像等，并用金笔勾描，地纹用金绘飞天、花鸟，并在明显处嵌小珍珠。舍利函据器内金书铭记，制于北宋庆历三年。方形盝顶，四周施漆，堆雕菊花纹，花纹枝叶用盘笔勾描，四面中部金笔白描人物画四幅，线细如游丝，工整流畅。

明代漆工杨埙吸收日本的描金技法加以创新，使描金器更具新意。杨埙主要活动于宣德至天顺年间，说明宣德间曾制作过描金漆器，但目前还难以辨识出准确的宣德作品。此后描金漆器均有制作，流传至今的代表作如一件黑漆描金云龙纹药柜，通体髹黑漆，门正面及柜的两个侧面在黑漆地上饰描金开光，开光内描金双龙戏珠纹，华贵异常。

清代沿袭明代描金画漆出于东洋的说法，把描金漆器都冠以一个"洋"字。康熙时描金漆器所见很少，雍正、乾隆时是描金漆器生产的全盛期，造办处制造描金漆器量大，水平高，多为黑地描金和朱漆描金，也有紫漆描金等。当时江南也盛行制造此类

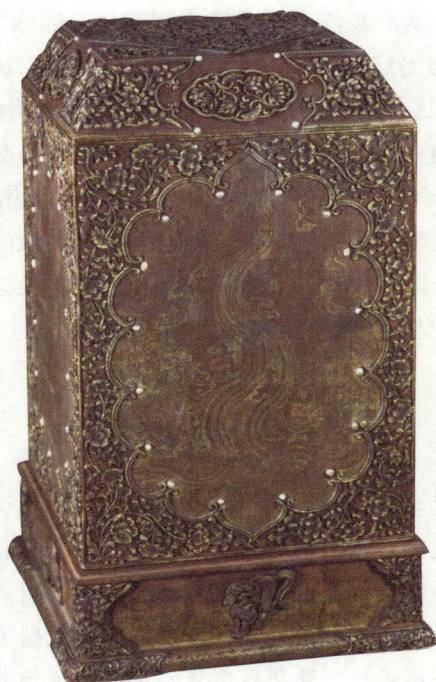

图17　檀木描金舍利函
北宋
通高41.2厘米　底宽24.5厘米
1966年浙江瑞安慧光塔出土
现藏浙江省博物馆
22
23

图18　红漆描金龙凤纹手炉
清
通高13.7厘米　口径15~9.6厘米
现藏北京故宫博物院

漆器，如雍正年间的江宁、两淮及江西都书馆有进贡"洋漆器"的记载。代表作如红漆描金龙凤纹手炉，炉腹部正背面开光，内为朱漆地，描金龙凤纹各二。龙凤纹用深浅不同的金色绘成，浓淡成晕，为描金中最具难度的"彩金象"描金。又如黑漆描金菊花纹执壶，紫砂胎，顶有镀金铜钮。通体髹黑漆，盖面及柄、流饰描金菊花、竹枝、花蝶纹，腹部饰菊花、彩蝶、草虫纹。菊花纹的枝叶用红、绿色漆绘出，上以淡金涂饰，露出底色，菊花花朵以重金描饰，并勾勒出筋脉花边，使纹饰表现出层次感。

【小辞典·识文描金】

所谓"识"，即为凸起之意，"识文"即凸起的花纹，称识文隐起，是用稠漆和漆灰做出高于漆面的花纹，再在花纹上面施描金或贴金、泥金等做法。识文描金分为屑金和泥金两种，屑金是在用漆堆成的花纹上洒屑金；泥金是在用漆堆成的花纹上贴金或上金。识文描金因花纹高高堆起，既华丽富贵，又能表现物象的立体效果，更显精美。

8. 金漆器

戗金是中国古代著名漆器工艺之一。做法是在推光漆或罩漆的漆器表面，采用特制的针或细雕刀，刻划出较纤细的纹样来，在刻划的花纹中上漆，然后填以泥金或金箔。花纹嵌以金色的谓之"戗金"，花纹嵌以银色的谓之"戗银"。日本称之为"沉金"，取金色沉陷在划纹之内的意思。

早在战国时期的漆器上就出现了以锥状金属或带尖的工具在髹好的漆面上刻画出阴线花纹。汉代锥划花纹普遍流行且技艺十分娴熟，并在锥画基础上加以发展，在针刻纹中加色漆、金彩和彩笔勾点，被推为戗金漆器技法的最早标本，为宋元时期戗金技术的大发展打下了基础。如湖北光化五座坟西汉墓出土的鸟兽纹漆卮，在器外壁黑漆地上以针划出飞龙、虎、飞鸟、兔、怪人及流云，并在刻划纹内填金彩。

图19　鸟兽纹漆卮
西汉
高10.5厘米　口径9厘米
1973年湖北光化五座坟西汉墓出土
现藏湖北省博物馆

24
25

1984年安徽马鞍山东吴朱然墓出土有一件戗金盒盖，戗金饰三个人物，六十五个瑞兽。人物，或佩剑、或持节、或拥旗，个个栩栩如生；瑞兽，或遨游、或腾飞、或疾走，个个刻画入微。在地下埋藏历1700多年，金色仍灿然华美，实为我国古代漆器中的一件珍品。

宋代戗金漆器已取得较高成就，以江苏武进南宋墓出土的三件器物为代表。其中的一件漆奁，莲瓣形，分成四层，木胎髹朱漆，口沿处包镶银。盖面在朱红色的漆地上戗刻金纹，人物、山石、花卉，无不精致高雅，繁丽绚烂，具有极佳的装饰效果。一件漆盒黑漆地，盒面用戗金饰一幅池塘小景。岸柳毵毵，下复塘水，水中有游鱼荇藻菱荇之属。物象之外，密钻细斑，斑内又填朱漆，工艺精湛。盒盖内有朱书"庚甲温州丁字桥巷廨七叔上牢"十三字。

元代戗金漆器制作较之宋代更加盛行。陶宗仪《辍耕录》中有对戗金的记载："嘉兴斜塘杨汇髹工戗金戗银法，凡器用什物，先用黑漆为地，以针刻画，或山水树石，或花竹翎毛，或亭台屋宇，或人物故事，一一完整。然后用新罗漆，若戗金则调雌黄，若戗银则调韶粉。" 浙江嘉兴人彭君宝，就是当时的戗金漆器名家。《格古要论》称他："戗山水、人物、亭观、花木、鸟兽，种种臻妙。"目前能见到的元代戗金漆器在日本保存有数件，其中山本清雄所藏的戗金人物花鸟纹经箱，凤鸟、人物皆划丝细密，物象甚繁，极其华丽，技法与《髹饰录》所说的"物象细钩间一一划刷丝"相吻合。

明清两代，璀璨富丽的戗金漆器作为高档漆器得到皇帝的青睐，因而也把戗金漆艺技术推向了顶峰。例如山东邹县明鲁王朱檀墓出土的明代洪武年制的朱漆戗金云龙纹盝顶箱、朱漆戗金云龙纹玉圭长方盒、戗金夹纻式罐，江苏江阴明夏彝夫妇墓出土的黑漆戗金棱瓣式盒，戗金技法娴熟，以及故宫博物院收藏的朱漆戗金云龙纹谱系匣，富丽堂皇，豪华美观，都是最典型的明代戗金漆器。

明清两代的戗金漆器还与填彩漆技法相结合，出现了"戗金填彩漆"新技法。与戗金漆不同的是，戗金填彩漆是在漆地上先

图20　园林仕女图戗金莲瓣形朱漆奁
　　　南宋
　　　径19.2厘米　高21.3厘米
　　　1977年江苏武进南宋墓出土
　　　现藏常州市博物馆

图21　戗金填漆云龙纹葵瓣式盘
　　　清·康熙
　　　高2.9厘米　口径23.4厘米
　　　现藏北京故宫博物院

剔刻出低凹的花纹，将各色漆填满于花纹，磨平后显露出平整光滑的花纹来，然后用刀沿花纹轮廓刻出纹路，打金胶，贴金箔，使填漆花纹有金色的阴文边框和纹理，具有"光泽滑美"之感。

清代的戗金填漆作品多以朱漆或黄漆为地，先雕花纹，然后填以黄、黑、紫等彩漆，再对图纹边缘勾划轮廓，最后在轮廓内戗金，色彩比明代同类作品鲜艳明快，更显金碧辉煌。也有以黑漆为地，剔出花纹后填入灰、白、黄等色漆，再对轮廓线戗金处理的，颇为素雅细腻。

9. 平脱漆器

平脱是中国古代著名的一种漆工艺技法。是将金、银等金属薄片刻成各种人物、鸟兽、花卉等纹样，再用胶漆粘贴在打磨光滑的漆胎上，待干燥后，全面髹漆二、三层再研磨显出金银花纹，使花纹与漆底达到同样平度，最后推光则成为精美的平脱漆器。金银花纹面较宽的地方还可以雕刻细纹，但不能刻透金银片。这种装饰法精细费工、材料高贵，但金银宝光与漆色的光泽相互辉映极为华丽，是十分贵重的漆器。

汉代非常流行用金、银、铜薄片剪刻成的花纹镶嵌在漆器上。这种彩绘与金银工、镶嵌等工艺技法溶为一体的做法，实际上是平脱漆器的前身。如安徽天长祝涧三角圩汉墓出土的一件漆奁，盖面隆起中间嵌饰银质柿蒂纹，器壁漆黑，饰朱漆云纹。每层云纹上等距贴四金四银动物图案，有驼、虎、朱雀、鸵鸟等，光华灿烂，十分精美。

唐代平脱工艺发展成熟，采用满铺的方法，所用金银片面积大，用料厚，裁切成花纹后，花纹上还雕刻精细的"毛雕"，也有的花纹间填以色漆，使图案更加华丽。

平脱工艺在唐代还应用于铜镜，即先做漆背，再嵌贴镂刻的金、银片。如1951年在河南郑州出土的金银平脱漆背飞天花鸟纹铜镜，镜背在褐色漆地上满嵌金、银片镂刻的飞凤、花鸟及展翅的羽人等，镜钮外围平脱八瓣莲花。花纹上毛雕纹理，富丽堂皇，为明显的盛唐风格。又如陕西西安出土的金银平脱鸾鸟衔

图22 贴金银漆奁
西汉
高9.5厘米 口径9.2厘米
1991年安徽天长祝涧三角圩汉墓出土
现藏天长县文物管理所

图23 金银平脱漆背飞天花鸟纹铜镜
唐
直径36.5厘米 边厚1厘米
1951年河南郑州出土
现藏中国国家博物馆

绶纹镜，镜背嵌金片镂刻的四只鸾鸟衔绶带，间饰银片镂刻的花枝，内外各有一圈连环纹。

唐代平脱漆器盛行，《酉阳杂俎》《安禄山事迹》《太真外传》《唐语林》等，都有关于唐玄宗、杨贵妃赐给安禄山各种平脱漆器名目的记载。唐代中晚期因财政困难，朝廷多次下令禁做耗工费时的器物，以扭转"淫巧之风"，其中就包括平脱器。如，唐肃宗至德二年（757年）朝廷下令："禁珠玉、宝钿、平脱、金泥、刺绣。"大历七年（772年）六月唐代宗再次下令："诏诫薄葬，不得造假花果及手（平）脱、宝钿等物。"以后平脱漆器逐渐减少，五代犹存，至宋代绝迹。

10. 螺钿漆器

螺钿是中国著名的漆器镶嵌工艺之一。是将贝壳磨成平滑的薄片后，截割成人物、鸟兽花草或各种几何图形及文字等，嵌装在雕镂的器物或漆器上。螺钿漆器具有色彩斑斓、熠熠生辉的美感。宋人方勺《泊宅篇》中已有"螺填"之名，元末陶宗仪《辍耕录》中始称为"螺钿"。明代隆庆年间著名漆工黄成的《髹饰录》中更是列有"螺钿"条，并详述其工艺特征："螺钿……百般文图。点、抹、钩、条，总以精细密致如画为妙。又分截壳色，随彩而施缀者，光华可赏。又有片嵌者，界郭理皴皆以划文。"

螺钿漆器在中国有悠久的历史，但其起源目前还存在着争论。一般根据现存的考古资料认为起源于西周时期，如河南浚县辛村卫国墓中出土的蚌泡和各种经裁切的几何形蚌片组成的图案，北京琉璃河遗址出土的漆罍和漆豆，都是用裁切成片的蚌片磨成拼嵌出饕餮、凤鸟、圆涡等图案纹样，有的蚌片上还有划纹等。但也有人认为商代漆木器中已有蚌片镶嵌的痕迹，琉璃河出土的嵌螺钿漆罍具有晚商风格，因此主张"晚商说"。此外，还有"南北朝说""唐代说"等，都还有待于今后更多的考古资料的支持。

唐五代的螺钿镶嵌在缀珠嵌钿、崇尚华美的社会风气影响下，制作工艺十分考究、精致。如河南洛阳唐墓出土的嵌螺钿人

图24　漆豆
西周
北京琉璃河燕国西周墓地出土
现藏首都博物馆

图25　嵌螺钿广寒宫图漆盘残片
元
直径37厘米
北京元大都后英房遗址出土
现藏北京市文物局

物花鸟纹铜镜，镜背纹饰以嵌螺钿手法表现，以橙红、油绿色螺钿为材料，裁割镶嵌成两位老者、一位侍女，以及开花树、鹤、狸、小鸟、湖石等，构成一幅完整生动的图案。发现于江苏瑞光塔的五代黑漆嵌螺钿经箱，通体满嵌彩色螺钿花卉图案。盖顶为三组团花，斜墙嵌四组花叶、飞蝶，边沿嵌花叶、飞鸟，箱身立墙嵌石榴、宝相花，箱座嵌花纹，贴金箔。螺钿上均毛雕花纹。

《髹饰录》说："螺钿古者厚而今者薄。"说明厚螺钿与薄螺钿漆器的出现有先后之别。据文献记载，南宋时已有薄螺钿漆器，但目前未见有实物。现今所见宋以前的嵌螺钿器均为厚螺钿。元代开创了薄螺钿漆工艺的先河。北京元大都后英房遗址中出土的嵌螺钿广寒宫图漆盘残片，盘面巧妙地利用五彩缤纷的薄螺片自然光泽，嵌成广寒宫秀丽的建筑和云树，色彩斑斓，嵌工精细，是《髹饰录》中"分截壳色，随彩而施缀"的做法，较之厚螺钿在工艺技法上确实前进了一大步，是目前发现的唯一的元代薄螺钿实物，对研究螺钿漆工艺的发展，具有极为重要的价值。

明代嵌螺钿漆器也有很高成就。扬州人江千里，字秋水，即为制螺钿器名匠，擅长以薄螺钿镶嵌山水人物、花鸟图案及历史故事为题材。清嘉庆《扬州府志》记载："有江秋水者，以螺钿器皿最精工巧细，席间无不用之。时有一联云：'杯盘处处江秋水，卷轴家家查士瞻。'"中国国家博物馆藏有江千里的黑漆嵌螺钿执壶，壶身修长优雅，作四方刬角海棠形，柄、流细长，棱边嵌螺钿鱼子片及小六瓣花。颈腹各有开光，以红玛瑙、珊瑚、绿松石和绿色螺钿镶嵌成花鸟小景，五彩缤纷，盖面作描金缠枝花卉，衬以黑漆地。外底有螺钿篆书款"千里"两字。

清代螺钿镶嵌漆器得到前所未有的发展，代表此工艺的最高水平。此时，不仅产品数量多，制作器物的范围也很广，大到玉屏风、宝座、床、柜、几、案，小到盘、盒等器皿，品种齐全。螺钿注重选料，愈见华美，技法上有厚螺钿、薄螺钿、螺钿加金银片、薄螺钿与描金相结合及衬色螺钿等。

衬色螺钿又称"衬色甸嵌"，是嵌螺钿工艺中较为少见的一种，即将透明的贝壳薄片嵌在漆器上，在螺钿下任意填色，漆色透过壳片显现，具有色彩莹润的效果。代表作如清晚期衬色螺钿

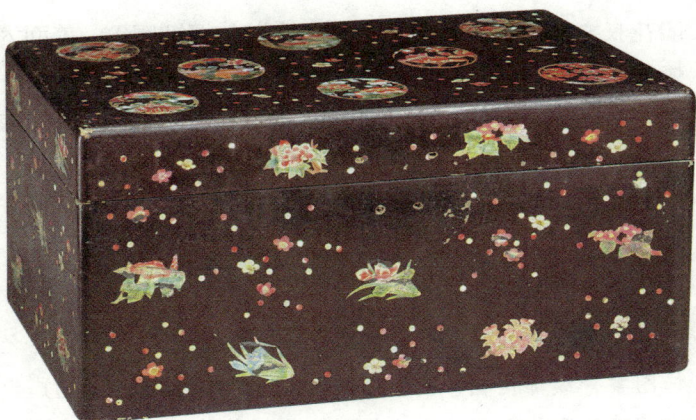

图26　衬色螺钿团花长方盒
清
高20厘米　长41厘米　宽24厘米
现藏北京故宫博物院

图27　黑漆嵌螺钿执壶
明
高35厘米　口长7厘米　宽6.3厘米
现藏中国国家博物馆

团花长方盒，通体髹黑漆为地，饰衬色螺钿图纹。盖面为梅花、蝴蝶、菊花、水仙、荷花、牡丹等纹饰，四周点缀以梅花。盒壁嵌佛手、月季、牡丹、水仙等花卉。所嵌螺钿反衬出红花、绿叶及白色梅花，以黑漆勾勒轮廓，花、叶均有晕染的效果。

【小辞典·宝相花】

又称"宝仙花"。相传它是一种寓有"宝""仙"之意的装饰图案。纹饰构成，一般以某种花卉（如牡丹、莲花）为主体，中间镶嵌形状不同、大小粗细有别的其他花叶。尤其在花芯和花瓣基部，有圆珠作规则排列，像闪闪发发的宝珠，加以多层次退晕色，显得富丽、珍贵。

11. 百宝嵌

百宝嵌是中国著名的漆器镶嵌工艺之一。即将珍珠、玛瑙、宝石、绿松石等各种珍贵材料镶嵌于漆器。据《遵生八笺》记载："如雕刻宝嵌紫檀等器，其费心思工本，为一代之绝。"

百宝嵌的渊源久远。早在商代与西周，镶嵌作为一种装饰艺术已出现在漆器上，镶嵌的物质主要有绿松石、玉石、蚌壳等。商代遗址中发现的饕餮纹的眼睛和眼角镶有磨制成圆、方、三角形的绿松石作装饰。河北藁城商墓出土的嵌绿松石漆棺残片，以红、黑两色漆为饰，勾勒出夔纹图案，并嵌以绿松石。西周时，漆器上的镶嵌装饰更加普遍成熟，螺钿和蚌泡镶嵌技法盛行，成为这一时期装饰的突出特点。

明晚期百宝嵌开始流行，生产中心在扬州。嘉靖年间的扬州艺人周翥以制百宝嵌漆器著称，作品被称之为"周制""周嵌"，有周翥创百宝嵌之说。钱泳《履园丛话》："周制之法，惟扬州有之。明末有周姓者，始创此法，故名周法。其法以金、银、宝石、真珠、珊瑚、碧玉、翡翠、水晶、玛瑙、玳瑁、车渠、青金、绿松、螺钿、象牙、密蜡、沉香为之，雕成山水、人物、树木、楼台、花卉、翎毛，嵌于檀、梨、漆器之上。大而屏风、桌、椅、窗

图28　黑漆百宝嵌梅蝶圆盒
明
高4.3厘米　口径11厘米
现藏北京故宫博物院

图29　百宝嵌雄鸡图长方形漆砂砚盒
清
高5.7厘米　径22.6厘米　宽15厘米
现藏北京故宫博物院

榻、书架，小则笔床、茶具、砚匣、书箱，五色陆离，难以形容，真古来未有之奇玩也。"明代百宝嵌漆器传世很少，故宫博物院藏有一件黑漆百宝嵌梅蝶圆盒，通体以黑漆为地，盖面用厚螺钿、蜜蜡、寿山石、黄杨木等材料嵌出山石、梅花及飞蝶一只，为明代百宝嵌代表作。

清代乾隆时期的王国琛、卢映之均擅百宝嵌，映之孙卢葵生享有盛名。《履园丛话》称："乾隆中有王国琛、卢映之辈，精于此技。今映之孙葵生亦能之。"卢葵生是嘉庆、道光年间著名的漆器艺人，名栋，字葵生，世籍扬州。代表作如百宝嵌雄鸡图长方形漆砂砚盒，盖面用岫岩玉、螺钿、红珊瑚、绿松石、象牙、玳瑁等嵌出山石、菊花、雄鸡。构图简练，趣味浓厚，制作极其精细，是清代百宝嵌工艺的佳作。

12. 最早的漆器

现代考古发掘资料证明，漆的使用和漆器的出现，在我国至少已有六七千年的历史。

1978年，在距今约七千年的浙江余姚河姆渡遗址第三文化层中清理出一件木碗，内外都有朱色涂料，微有光泽。据科学鉴定，这种朱红色涂料为调朱色生漆。这是目前所知我国最早的漆器，说明至少在六七千年以前，天然漆就已运用于生活用品当中，中华民族是世界上最早用漆的民族之一。此碗的出土，对研究我国漆器的起源有极其重要的价值，是漆器工艺史上一个划时代的发现。

距今四五千余年的良渚文化遗址中也发现有早期漆器。1960年江苏吴江团结村良渚文化遗址出土一件漆绘陶杯，器表先施一层棕色漆料，然后用金黄和棕红色漆绘纹饰。同年在吴江梅堰良渚文化遗址中又发现两件漆绘黑陶壶（罐），一件以棕红色为地，用金黄、棕红两色绘出二道弦间绞丝纹；另一件纯用棕红色，有一道花纹。经过化学测试，彩绘物质与汉代漆器相同，为生漆，与仰韶文化彩陶的所用的矿物彩绘物质迥异。1986年浙江余杭反山良渚文化古墓中发现一件嵌玉朱漆高柄杯。出土时胎体

图30　朱漆木碗
新石器时代·良渚文化
高5.7厘米　口径9.2厘米×10.6厘米
1978年浙江余姚河姆渡遗址出土
现藏浙江省博物馆

图31　嵌玉朱漆高柄杯
新石器时代·良渚文化
高29厘米　口径11厘米　圈足直径12厘米
1986年浙江余杭反山良渚文化古墓出土
现藏浙江省文物考古研究所

已朽，有浅浮雕图案。髹红漆，漆膜保持原状，镶嵌有玉石，工艺十分复杂。此杯是我国已知最早的嵌玉漆器，对研究漆器工艺的发展有重要意义。

1973年，江苏常州圩墩马家浜文化遗址出土三件残木器，边面呈黑色，光洁有反光点，可见涂有暗红色涂料。专家认定它是有氧化铁红的朱漆。这是现代人观念中真正的漆器。

1978~1980年，山西襄汾陶寺龙山文化墓地（距今3800~4000年）的大型墓中，发现有部分彩绘木器，胎骨虽朽，仍可辨认的器型有鼓、圈足盘、斗、案、豆、俎等。多为红彩地，用白、黄、黑、蓝、绿色绘出图案，一部分器物仅单色红彩，彩皮剥落时呈卷状，与漆皮颇似。木器的造型和器表所用调合、粘接剂的物理性能，与漆器较为接近。发掘者认为，这一发现对揭示中国古代北方漆器的祖源不无意义。

从发现的这些漆器来看，新石器时代的漆器尚处在比较原始的阶段。颜色以红、黑为主，也有棕红等色。器物的髹涂装饰方法或为满涂，或有线条装饰，如江苏吴江出土的漆彩绘陶杯和陶罐，器身黑灰色地上彩绘着粗犷的线条，杯的口缘大面积涂饰。线条简单，上下交错有序，具有图案化、抽象化的特征，表现出原始的装饰艺术。所髹涂的红、棕等色漆，均为调色漆，最早使用未经调色的天然漆始于何时，还有待于今后新的考古发现。

【小辞典·彩陶】

是在红陶胎上描画红、黑、赭、白等色的彩绘，经过压磨，然后用火烧结，成为用具。器型基本上都是日常生活用品，常见的有盆、瓶、罐、瓮、釜、鼎等。彩绘图案包括几何纹、动物纹、天象纹等。最早出现在距今约七千年前，流行于新石器时代中期。

13. 商、西周、春秋漆器

商代漆器发现较多。早期以河南偃师二里头遗址和河南安阳小屯墓葬中出土的漆器为代表。出土物中残存的棺椁表面雕刻的龙纹及彩漆雕花木板，均以红、黑两色漆为饰；还有钵、觚、鼓、盒等器，均表面髹朱漆，虽都已残损，但尚能辨认器形。相当于商代早期的河北藁城遗址中，发现漆器残片26块，其中两块有画彩，其他都是先在木胎上用利刃雕成花纹，再涂朱色，有的花纹上还嵌有绿松石，所雕花纹表面呈浮雕式。在一块残片花纹间有安装合页的痕迹。在14号墓的一件圆盒朽痕中，发现一段半圆形金饰片，厚不到1毫米，正面阴刻云雷纹，显然是原来贴在漆器上的金箔。在遗址的墓葬内还发现四件漆器，胎已朽，据残片观察，器形有长方和圆形盒两种，饰有饕餮纹、圆点纹和云雷纹。晚期漆器以河南罗山县天湖墓地出土的为代表，有黑漆木碗、丝线缠绕黑漆木柲及朱红弦纹黑漆木豆等八件。该墓地出土的八件铜鼎和一件铜卣，在繁缛的饕餮纹、圆涡纹、夔龙纹和云雷纹阴线部位都填充了黑漆，使纹饰更加鲜明醒目，可见漆的使用已比较广泛。

从出土的商代漆器来看，商代对漆的使用比较广泛，装饰纹样和技法上有新的特点，几何纹、饕餮纹、夔龙纹、蕉叶纹等都与同期的青铜器装饰纹样相同，并出现镶嵌有经过琢磨的绿松石、蚌壳、蚌泡以及玉石等与花纹组成图案的漆器，表现出当时的漆器与镶嵌技术的有机结合并达到较高的水平。

西周漆器出土的有河南浚县辛村，陕西长安普渡村、张家坡，湖北蕲春毛家嘴，洛阳庞家沟、上村岭虢国墓地，北京琉璃河燕国墓地等。其中，北京琉璃河燕国墓地发现有漆豆、觚、罍、壶、簋、杯、盘、俎、彝等多件，以豆为多，均为木胎，器胎一般较厚重。其中一件漆豆深盘，粗把，褐地朱彩，豆盘外用蚌泡和蚌片镶嵌，与上下的朱色弦纹组成装饰纹带，豆柄以蚌片嵌出眉、目、鼻等部位，与漆绘构成饕餮图案。一件漆觚作喇叭形，朱漆地，褐漆花纹，身上除由浅雕的三条变形夔龙组成花纹带外，上下还贴有金箔 三圈，并用绿松石镶嵌。

从出土的西周漆器来看，西周漆器的品种较多，日常生活用具有扁壶、盒、耳杯、箱等，兵器、车马具等也用漆来涂饰，以增进器物的坚固和美观。器胎一般较厚重，器表皆有漆绘，有些用蚌片、蚌泡等镶嵌与彩绘共同组成装饰图案。多种器型和纹饰与青铜器相似，具有礼器的作用。

春秋漆器出土较多。河南光山宝相寺黄君孟夫妇墓出土的主棺，通体髹黑漆，边缘朱绘窃曲纹及波纹。所出漆豆盘边有圆圈纹，用漆绘画出蚌泡装饰。同出河南光山的黄季佗父墓棺表面也髹黑漆，朱红彩绘窃曲纹。山西长治分水岭墓出土的漆箱残片，旁有铜铺首，可知当时已有金属饰件。残片朱地黑纹，绘多条蟠绕的虬龙，纠结构成相连的图案，残片边缘饰蟠螭、窃曲、几何纹，变化繁多。长子县内古墓所出漆器有髹红黑漆舟、编竹胎黑漆盒及扁壶，纹饰与铜器相似，显示出与长治分水岭古墓出土的漆器的关系。山东临淄郎家庄春秋晚期墓中发现一件圆形漆器残片，残存部分直径19厘米，图案分内外两层，中心绘三兽翻滚嬉戏，外层绘屋宇，中有人物，躬身相向而立，或举物过顶，或双手承接。屋宇之间用鸟、鸡、花草等填空隙。发掘者指出，残片的花纹题材及章法布局和其他地区所出东周漆器皆异，故认为是齐国风格。湖北当阳赵巷四号墓出土的彩绘蟠螭纹漆簋，通体以黑漆为底，饰红色云雷纹、波浪纹和变形窃曲纹，是楚国最早的漆礼器，器型与中原的青铜器相同，纹样粗犷豪放。

14．战国漆器

战国时期，漆器获得了长足发展，尤其是南方强国楚国，温暖的自然条件，适宜漆树的种植，为漆器的发展提供了丰富的物质资源。近几十年来，文物考古工作者在湖南、湖北、河南、安徽、江苏、浙江等地发掘数千座楚墓，出土数以千计的漆器，反映了楚国髹漆业的兴盛发达。湖北江陵楚墓中，作为随葬器物的漆器完全取代青铜礼器或仿铜、陶礼器而单独使用，说明漆器开始取代以意识形态功能为主的青铜礼器，意味着以青铜礼器象征统治者权势、身份和地位的周代礼仪政治制度的解体。

从出土的战国漆器看，品类多种多样，多数为实用器，少数为冥器，依使用功能，大致分为生活用具、娱乐用具、陈设工艺品、丧葬用具及兵器车马饰件等。生活用具包括饮食用器、日用

图32　漆棺残片
商
河北藁城台西村早商墓出土
现藏河北省文物研究所

图33　漆觚
西周
残高28.3厘米　口径13.3厘米　圈足直径8.5厘米
北京琉璃河燕国西周墓地出土
现藏首都博物馆

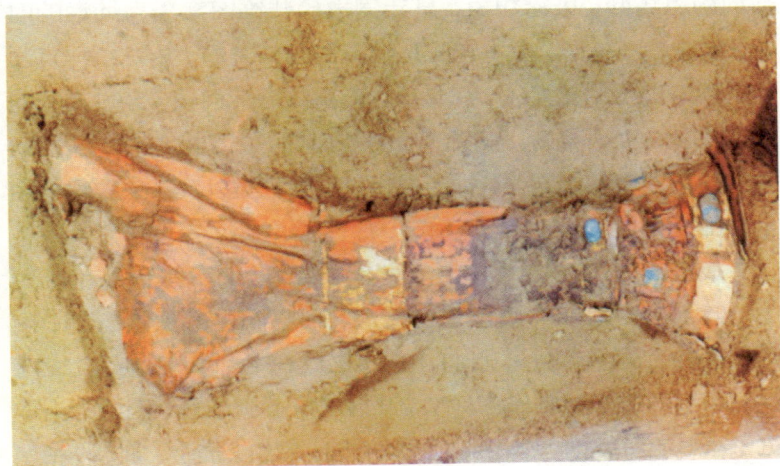

器等，有杯（耳杯、筒杯、豆形杯）、豆（圆形、方形、椭圆形、鸳鸯形不等）、盒（奁盒、圆盒、方盒、罐形盒、带足盒、曲尺形盒、双耳椭圆盒、龟形盒、鸳鸯形盒等）、箱（衣箱、酒具箱、餐具箱），有卮、樽、壶、盘、碗、勺、俎、案、几、梳、篦、禁、桶、虎子、拐杖、床枕、架、扇把、绕线棒等。礼乐用具包括鼓、六博盘、瑟、笙、琴、竹篪、排箫、舞盾；与乐器有关的瑟指套、鼓槌、钟槌、钟架、磬架、磬槌等。陈列工艺品主要有木雕座屏、彩绘木鹿等。丧葬用具主要有镇墓兽、辟邪、木俑、棺椁等。髹漆的兵器及车马具，在战国时期十分常见，其主要作用是用于保护和装饰。兵器类见有甲、盾、木剑、剑腹、箭腹、剑椟、矛柄、盾柄、戈柄、戟柄、刀鞘、匕鞘、剑鞘、弓、弩机以及兵器架等。车马具类见于龙首车辕、车舆栏杆、车伞柄、马镳、肩舆及车舆构件等。

战国漆器大多饰有十分精美的花纹图案，纹样涉及内容广泛。几何纹以直线和折线表现的有方块纹、三角纹、菱形纹等，以曲线表现的有云纹、雷纹、圆涡纹、窃曲纹、S形纹等，以点画表现的有目纹、点纹等。写实动物纹主要有虎、鹿、豕、马、牛、羊、猴、犬纹等，以完全写生的手法，构图生动逼真，形神兼备。神话动物纹主要有龙凤纹，分为变形和写实两种，在当时漆器中普遍流行。现实生活场景与人物活动场面有宴饮、歌舞、攻战、出行、狩猎、巫祝等。此外还有天象、神怪等多种纹饰。各种纹饰均构思巧妙，极富想象，是我国古代装饰图案最为灿烂的时期，极具浪漫色彩。基本特征是继承与创新并重。传统纹样来源于商周铜器上的夔龙纹、凤鸟纹、云雷纹等几何纹，经过大胆的处理，形成生动流畅、洒脱舒展的新风格。创新的纹样，包括动物纹样和叙事画类，也有神话鬼怪、巫术之类以及天象纹样的图案装饰。

战国漆器制作工艺有很大进步。胎体方面，虽仍以木胎为主，但木胎由早期的厚重日益减薄，木胎制作方法有斫削、碹凿、卷接、雕刻等多种。此外出现了夹纻、皮、竹、藤胎，使之可以利用不同的器胎制作各种型制的器物，简繁随意，因此大大促进了器形的发展。制作与装饰技法方面，彩绘、描金、锥划、扣器

图34　彩漆雕龙盖豆
战国
高24.3厘米　口径18~20.8厘米
1978年湖北随县曾侯乙墓出土
现藏湖北省博物馆

图35　黑漆朱绘卧鹿
战国
长45厘米　高（不计角）27厘米
1978年湖北随县曾侯乙墓出土
现藏湖北省博物馆

等多种工艺已能熟练运用，使漆器更加美观。尤其彩绘是楚漆器装饰的主要方法，各种彩绘色彩的配置是经过对自然界中色彩的选择、对比、取舍、提炼而成。在色彩斑斓的图案纹样中，大量使用鲜亮明快的暖色——朱色作为主旋律，辅之以冷色——绿灰、黑色作为衬托，有时采用朱、黑互为底色的色彩构成。在视觉效果中，明显突现着以红、黑二色的强烈对比为基调的色彩主题，在此基调上又敷陈五彩，给人以雅而不俗、繁而不厌，极为和谐的艺术效果。

战国漆器上出现了目前所见最早的漆器款识，有针划、刀刻、漆书和烙印等几种。款文为隶书，也有带金文风格的字体。款文大体有两方面的内容：一是注明漆器制造地，二是记载工匠的名姓。例如四川荥经曾家沟战国早期墓出土的圆奁，盖上及盖内分别刻有"成""成造"，表明此器制造于"成"地，即古代的成都。

【小辞典·锥划】

战国漆器上出现的一种新的装饰技法。即以锥状金属工具在髹好的漆面上刻画出阴线花纹，所刻花纹细若游丝，飘动流利。汉代锥划技法在战国基础上普遍流行，且技艺十分娴熟，并出现了在针刻纹中加色漆、金彩和彩笔勾点等做法，为宋元时期戗金技术的大发展打下了基础。

15. 秦汉漆器

秦汉时期漆工艺得到空前发展，成为我国漆工艺发展史上一个辉煌时期。尤其是目前出土的汉代漆器，其数量之多，品种之繁，制作之华丽，生产地域之广，都达到前所未有的水平。可以说，汉代是我国漆工艺发展史上的黄金时代。

秦代漆器目前发现不多，代表秦代漆工艺水平的是湖北云梦睡虎地秦墓出土的560余件漆器。20世纪90年代开始发掘的江陵扬家山135号墓，是目前江陵地区发掘规模最大的一座秦代早期

图36　凤鸟纹漆耳杯
战国
长15.7厘米　宽12.6厘米
1982年湖北江陵马山1号墓出土
现藏湖北省博物馆

图37　彩漆兽首鸭形食盘
秦
高13.3厘米
1975年湖北云梦睡虎地出土
现藏云梦县博物馆

墓葬，出土漆器数十件，绝大部分保存完好。花纹风格及造型与云梦睡虎地秦墓出土的漆器相似，特别是漆器上的烙印文字、针划文字等，均为秦代漆器所盛行。秦末时期的墓葬在河南泌阳官庄村发掘有四座，出土漆器17件。此外，较零散的秦代漆器出土有四川荥经、青川、广州西村及东郊等。

汉代漆器的出土遍及国内外很多地区，规模和数量也是前所未见的。汉代早期漆器见有湖北云梦大坟头一号墓、江陵凤凰山墓群，湖南长沙马王堆汉墓，广东广州西村石头岗、三元里马鹏岗，陕西咸阳，山东临沂银雀山，四川成都，广西贵县罗泊湾等地。汉代中晚期漆器虽不及前期数量大，但出土地点较前期增多。尤其是漆器较难保存的黄河流域各省、区，陆续有所发现。如河北满城刘胜夫妇墓，江苏扬州邗江胡场一号墓和五号墓、东风砖瓦厂汉墓、甘泉乡"妾莫书"墓、邗江姚庄101号墓，安徽天长、江苏盱眙、海州霍贺墓、连云港网疃庄等墓，山东临沂、莱西、文登，四川成都、巴县、西冒，广西合浦、贵县，云南晋宁，宁夏银川等地，都有漆器出土。蒙古人民共和国及朝鲜北部，也出土有汉代漆器。

秦汉漆器品种的显著特点是以日常生活用器为主，有耳杯、具杯盒、盒、盂、勺、匕、匜、扁壶、卮、樽、盘、鼎、钟、钫、筒等。此外有家具几、屏风，文房用具漆砂砚，丧葬用具漆面罩、漆枕等。器形上有的沿袭战国漆器形制，有的则在原器形及品种上有所改进和变化。楚墓中常见的镇墓兽、虎座鸟架鼓、漆鹿等，此时已不见。

秦汉时期的漆器纹样，内容十分丰富，大体有几何纹、动物纹、自然景象、神话故事和叙事画纹样等几类。几何纹装饰在器物的口边、圈足和四周，以作边饰。多以抽象的云龙、凤鸟纹构成，是由战国漆器上的几何变形凤鸟纹演变而来，构图以带状、散点等形式出现。动物纹有写实和夸张变形的两种。写实的主要有虎、豹、熊、马、牛、鱼、鸟、猴、鹿猪、鹤等；夸张变形的主要有云龙、云凤纹。自然景象主要为云气纹，飞扬流动、自由奔放，具有强烈的运动感。神话故事有怪人异兽、飞龙、飞凤和仙山羽人等。叙事画除继续保留楚国已有的狩猎、歌舞、贵妇出

图38　黑漆彩绘云纹壶
西汉
通高57厘米　口径18.1厘米　底径20厘米
1972年湖南长沙马王堆1号汉墓出土
现藏湖南省博物馆

图39　银扣黑漆彩绘奁
西汉
通高12厘米
1991年安徽天长三角圩1号墓出土
现藏安徽省文物考古研究所

行、历史故事等内容外，还出现了宣扬孝子、义士、圣君、贤相、烈女等历史故事题材。汉代漆器图案装饰总体上有鲜明的统一风格和时代特征，既反映了楚文化遗风影响，又表现出新的创新意识。

秦汉漆器色彩使用十分丰富，除红、黑两色为其基本色调外，其他色彩如黄、绿、灰、赭、金、银等色都基本具备，同时还能调制出油彩，使漆器的色彩更加丰富，是汉代漆器工艺在用色方面的一大进步。

秦汉漆器工艺进步。胎骨方面，秦代仍以厚、薄两种木胎为主，薄木胎增多。木胎漆器制作方法，主要为挖、斫、卷制三种。如凤形勺、耳杯等，采用整木挖制而成。有的器物为两半分别挖制后粘合到一块。圆形器如卮、樽类则采用薄木卷制，然后用厚木制成的盖、底粘合到一起。夹纻胎和竹胎漆器数量不多。西汉时薄木胎和夹纻胎增多。木胎漆器仍使用斫、卷木胎，但碹制技术广为采用，既使器形整齐美观，又提高效率。装饰工艺方面，除继续沿用战国时期的彩绘和锥画等方法外，又有新的发展和进步，最突出的是加扣镶嵌、堆漆。

秦汉漆器刊刻文字及符号的器物较战国时期明显增多，所记漆器制造年代和地点的文字内容较战国时期更为详细具体，文字内容大体分为物主标记、用途、容量、制作时间、制作地点、工匠名姓及漆工工序等多种。刊刻方法主要有烙印、针划和漆书几种。

【小辞典·扣器】

漆器上加金银铜扣的做法，在战国漆器上已有发现，秦代漆器上较多见，到西汉中晚期，扣器的比例大增。漆器上使用金银、鎏金铜扣的做法，既可增强器物的美观，又加强了器物的牢固性。汉代漆器的口缘和器身等部位加金银铜扣箍的很多，有的在一件器物上竟加多达七、八圈，有些还安装上铜纽、环鋬、铺首与铜蹄足等铜构件。东汉和帝熹皇后为节省国用，曾以扣器为奢侈之物，勒令禁止征用，自此以后加扣镶嵌漆器明显减少。

16. 三国两晋南北朝漆器

三国两晋南北朝时期，由于青瓷的发展和较为低廉的价格，漆器在许多场合让位于瓷器。汉代以来随葬品以漆器为主的厚葬之风至此大为减弱。因此，迄今所见魏晋南北朝时期的漆器数量很少，形成了漆器发展史上的空白期。

三国时期的漆器，以1984年安徽马鞍山东吴朱然墓出土的60余件漆器为代表。出土时有的比较完整，色泽如新，有的胎已腐朽，仅存漆皮。种类有案、槅、凭几、羽觞、盘、樽、奁、盒、壶、砚、虎子、屐、尺等。纹饰较多地以完整的人物故事为题材，比汉代的叙事画题材更为丰富，写生手法极为高妙，生活气息十分浓厚。如童子对棍图漆盘，在山前空地绘两个稚气十足的活泼童子，身戴肚兜，光着屁股，相互舞棍对打，颇具儿童的天性。漆绘的用色相当讲究，有朱红、红、黑红、金、浅灰、深灰、赭、黑等。大部分是用黑漆勾画轮廓，再根据需要在轮廓内涂金、红等色漆，最后用红漆或黑漆勾画发式、五官、衣纹之类，形成丰富的层次。发现有"蜀郡作牢"铭记，故可知为蜀郡所造。

两晋南北朝时期的漆器发现很少。安徽合肥西郊乌龟墩六朝墓、江苏宜兴西晋二号墓、广州西北郊西晋墓、江西南昌晋墓、贵州平坝马场东晋南朝墓，都有零星的漆器出现。其中，江西南昌发现的五座晋墓出土制作精细、装饰华丽、风格独特的漆器三十九件，无论是数量、保存的完整性、制作的精美程度等方面，均代表了当时漆器制作工艺的最高水平，是历来晋墓出土数量最多也是最为精彩的一批。此外，在甘肃酒泉、嘉峪关晋墓、西安任家口北魏墓、武汉任家湾六朝墓等墓中发现有这一时期的漆器残片。北魏漆器的重要发现有山西大同石家寨司马金龙墓的木板漆屏风和宁夏固原出土的漆棺。

这一时期漆器的整体风格与汉、三国时期极为相似。种类仍以生活用品为主，有盘、盒、奁、箱、羽觞、槅、碟、托盘、碗、匕、箸等，大器有木板屏风、漆棺等。装饰上，镶铜扣边饰和盖面中心镶柿蒂形鎏金铜饰，保持汉代漆器的风格。用色方面，一般用红、黑、绿三种颜色彩绘，以基本色绘主线条，另用一种对比色勾边，第三种颜色填空隙，以增强画面的变化和立体效果，与汉代、三国时期做法相似。如江西南昌三号晋墓出土的宴乐图盘，以红、黑、灰绿等色彩绘人物、车马、瑞兽等组成的宴乐图，彩绘并以黑色勾出轮廓，再做平涂设色，浓淡有致，表现出汉、三国漆器风格的延续。

随着佛教在中国的兴起，漆器夹纻技法被用来制造佛像，日本称之为"干漆造像"。做法是在泥塑像上，贴糊麻布，再在布上施漆，或饰彩绘，或贴金箔，干燥后，打碎泥胎，仅存外壳。这种塑像具有不变形、不开裂、坚固轻巧的特点，很适合抬其游行，被称之为"行像"。晋代的戴逵、戴颙父子即以善造夹纻佛像而著称于世。

图40　童子对棍图漆盘
三国·吴
直径14厘米
1984年安徽马鞍山东吴朱然墓出土
现藏安徽省文物考古研究所

图41　宴乐图平盘
东晋
高3.6厘米　口径25.5厘米　底径24.1厘米
1997年江西南昌火车站出土
现藏南昌市博物馆

图42　彩绘人物故事图漆屏风
北魏
每块长约80厘米　宽约20厘米
1965年山西大同北魏司马金龙墓出土
现藏大同市博物馆

17. 唐、五代漆器

　　唐、五代漆器均为零星发现，主要地点有：河南洛阳唐墓发现的嵌螺钿花鸟人物漆背铜镜，河南三门峡唐墓发现的嵌螺钿云龙纹漆背铜镜，湖北监利出土的八件漆器，江苏扬州迎宾路出土一批唐代漆器，此外，还有扬州东风砖厂唐墓、河南上蔡县贾庄唐墓、西安韩林寨唐墓等。五代漆器比较有代表性的有：四川前蜀王建墓出土一批重要漆器，其中有精美的平脱漆器；苏州瑞光寺塔发现一批五代漆器，其中有花鸟纹嵌螺钿黑漆经箱等，另外，常州、扬州、苏州等地以及江苏邗江杨庙蔡庄等地都有五代漆器的出土，其中多有金银平脱器。

　　唐、五代漆器出土的不多，主要为两个类型，一是光素无纹的漆器，二是金银平脱或嵌螺钿漆器。光素漆器以生活用器为主，有盘、碗、碟、勺、盂、钵、盒、奁、盏托等，盘、碗、碟出现了出棱分瓣，多呈五曲梅瓣形，是这一时期的特点，具有鲜明的时代特征。平脱漆器有漆背铜镜、册匣、宝盝、镜盒、经箱等，还有漆琴和夹纻造像等。另从《酉阳杂俎》、姚汝能《安禄山事迹》等书中记载，唐玄宗、杨贵妃赐给安禄山的各种平脱漆器，除盘、盏、勺、蝶之外，还有函、饭罂、箸、魁、屏帐等种类。

　　唐、五代漆器出现了一些新工艺，如末金镂、雕漆，原有的金银平脱、镶嵌螺钿、夹纻漆造像等工艺都有进一步的发展和提高。制胎上沿用前代做法，以圈胎法为多，采用薄杉木条，水浴加湿，弯曲成圈，一圈圈卷叠胶粘成形，外裱麻布，施漆灰，然后髹漆。这种制胎的优点就是将各圈接口错开，分散木条的应力，使器身不易变形，又坚固耐用。这是唐、五代漆器在制胎上的一大进步。

　　唐代漆器的图案装饰风格和内容表现出完全不同于以往的风貌，形成与整个盛唐繁荣景象相对应的欣欣向荣的时代特征。花卉、禽鸟开始成为主要的装饰题材。花卉题材多以完整的花树、折枝花卉、蔓草、花头以及花瓣等来表现。禽鸟中舞鹤、水禽等较为常见，均作向上飞翔状，使观赏者觉得舒适活泼。人物题材

图43　金银平脱天马鸾凤纹镜
唐
直径30厘米
1963年陕西西安出土
现藏陕西历史博物馆

图44　嵌螺钿花鸟人物镜
唐
径23.9厘米　边厚0.5厘米
1955年河南洛阳涧西出土
现藏中国国家博物馆

则重在表现文人的闲情逸致，文化气息浓厚。另外还出现佛教中的飞天形象，体态丰满，飘带飞舞，一派歌舞升平的景象。

五代漆器装饰题材和图案风格，基本上是唐代装饰风格的继续。取材多为凤、鹤、飞禽、狮子、花卉等，构图形式多采用以各种纹样组成的团花图案为主。前蜀王建墓出土的金银平脱朱漆册匣和宝盝，就是这类题材风格的代表作品。

唐代漆器很少发现有铭文款识，五代漆器则屡有发现。如常州五代墓出土的银平脱漆镜盒，盖内侧有朱书两行，一行为"魏"字左半部，另一行作"并底盖柒两"，盒内底部中间有朱书两行"魏真上牢""并满盖柒两"。另一件素面方形委角漆镜盒盖内底朱书"魏真上牢一两"。扬州邗庄杨庙五代杨吴浔阳公主墓出土的两件素面圆形漆器底上均有朱书，一为"胡真"二字，下署花押，另一件书"胡真盖花三两"六字，下亦署花押。铭文中的"魏""胡"字样，当为作坊的标记，下加"真""牢"字样有说是标榜产品货真价实。而"柒两""参两""一两"，或是指漆器用银的重量，或是指漆器的卖价。但无论为何种，都表明这些漆器是作为商品出售的，说明五代漆器已具有了成为商品的基本特征。

【小辞典·末金镂】

唐代髹漆装饰技法。是在髹漆的表面撒播金屑成为花纹的做法。这一技法在日本正仓院所藏唐代金银钿庄大刀上有应用。此刀为鲛（鲨鱼）皮柄，鞘身有末金镂纹样。后来日本的"莳绘"就是从"末金镂"发展起来的，二者在制作技法上是一致的。

18. 宋代漆器

目前发现北宋漆器的较重要的有以下几处：河北巨鹿发现的北宋黑漆漆器，江苏淮安杨庙镇五座宋墓出土较完整的漆器75件，武汉十里铺出土漆器19件，江苏常州北环新村墓出土漆器多件，辽宁法库叶茂台辽墓出土漆器20余件。南宋漆器也多有发

图45　黑漆嵌螺钿花鸟纹经箱
五代
长35厘米　宽12厘米　高12.5厘米
1978年江苏苏州瑞光塔发现
现藏苏州市博物馆

现，如江苏无锡宋墓、杭州老和山宋墓、江南金坛南宋周瑀墓、江苏武进、四川虞公着夫妇墓等。

宋代漆器已从高档奢侈品逐渐走入日常生活，体现了漆工业民用化的特点。品种主要以日用器物为主，如饮食用器类的盘、瓶、罐、勺等，装饰用具类的奁、梳、镜盒、粉盒等，文具类的笔筒、笔床、镇纸、尺子、画轴等，还有家具类的几等。日用品的造型特征变化明显。一方面讲究经济、实用，出现分段套式的奁、匣等。一方面讲究美观，胎体轻薄，比例规矩匀称。源起于唐、五代的起棱分瓣漆器至宋代更为流行，如盘、碗、盒等有葵瓣式、花瓣式、八瓣式等，造型均精致美观，轮廓线条圆润流畅。

宋代漆器一反唐代漆器的丰满富丽，代之以清新淡雅的风格，以器身线条流美、色泽素雅为特色。一色器是当时流行的样式，不加任何花纹装饰，髹涂漆色以黑色居多，紫色次之，也有朱色漆，间有表里异色。造型美观大方，以起棱分瓣为其明显特征。当时的定州、襄阳、江宁、杭州、温州等地，都是著名产地。

宋代漆器具有装饰纹样的器物主要表现在雕漆、填漆、嵌螺钿、识文描金、戗金等几个品种上。图案纹样写实，多以园林、山水、人物、楼阁、花卉、鸟禽等为题材，具有工笔画的效果，反映出髹漆工艺与绘画相结合所形成的新的特色。图案的构图出现以开光形式表现主题画面的手法，多以人物楼阁为图案主题，衬以山水鸟兽，边缘饰折枝花卉等。雕漆见有雕刻锦地，上压各种装饰图案，有雕曲线以示水波纹，雕斜格花卉作地锦，雕曲折回转单线、类似窄长的回纹以表示天空漂浮的云纹等几种锦纹地，为元明雕漆锦地打下基础。

宋代漆器具款的较多，依其款文大体有长款和短款两种。长款标有漆器制作年代、制造地点、工匠名姓等。短款只标明工匠的店铺、姓氏或记年代等。款字部位一般为黑漆朱书，偶见有墨书。从漆器款识中可以看出，宋代漆器已具有明显的民间制漆性质，如"辛大郎祖铺"等，具有民用漆器的明显特征。这些漆器显然是专门用来出售而生产的，具有鲜明的商品特征。

图46　识文描金长方形经函
北宋
高16厘米　长40厘米　宽18厘米
1966年浙江瑞安慧光塔出土
现藏浙江省博物馆

图47　黑漆莲花式四层奁
南宋
高48.2厘米　底径20.4厘米　腹径27.2厘米
1953年上海青浦任氏墓出土
现藏上海博物馆

19. 元代漆器

元代漆器在宋代基础上又有了进一步发展。一些宋代新发展起来的工艺已臻成熟，特别是出现了一些漆工名匠，不仅在史籍上留下盛名，而且一些作品也成为漆器史上的经典之作。

元代漆器主要以日用器物为主，有饮食用具、装饰用具等。造型与宋代漆器形制大体相同，但有些发展和变化，如漆盘，除圆形外，出现了八角方盘和葵瓣盘等；漆盒除传统式样的圆形、长方形外，出现了蔗段式，形状为圆形，平盖面，直壁，平底，无足或有矮卧足。出棱分瓣器形也是元代漆器的特点之一。

元代漆工技法已发展到成熟的阶段，制作技术艺臻绝诣。宋代流行的一色漆器仍有，风格、技法同宋代一色漆器有继承关系。戗金、嵌螺钿以及雕漆技法各尽其妙，所饰山水、人物、亭观、花木、鸟兽等种种臻妙。成就最高的是雕漆，发展到炉火纯青的程度，并形成名家辈出的局面。张成、杨茂、张敏德即为其代表人物，他们的作品代表元代雕漆的最高水平。

据《嘉兴府志》载："张成、杨茂，嘉兴府西塘杨汇人，剔红最得名。"二人均擅长雕漆，其作品见有剔红、剔犀，风格以髹漆肥厚、刀工圆润、藏锋清晰而著称。题材有鸟禽花卉、山水人物等。张成的代表作品有剔红栀子花纹圆盒、剔犀云纹盒、剔红拄杖观瀑图盒等。杨茂的代表作品有剔红观瀑图八方盘、剔红花卉纹尊等。

张敏德为元末雕漆名匠，其生平事迹待考，为张成的后代。唯一的传世之作是北京故宫博物院收藏的剔红赏花图圆盒。盖面雕庭院、大殿，两位老者在阶前赏花，庭前院后，茂林修竹。外壁黄漆素地雕栀子花、茶花、菊花、桃花等。构图精美，人物形象生动，极具立体感。盖里针划"张敏德造"款。

彭君宝也为嘉兴西塘人。有关他的事迹，现无实物可考，仅从文献记载可知其精湛的技艺。据《格古要论》记载："元朝初嘉兴府西塘有彭君宝者，甚得名，戗山水人物、亭观花木鸟兽种种臻妙。"

图48 "张成造"剔红栀子花纹盘
　　　　元
口径17.8厘米　高2.8厘米
现藏北京故宫博物院

图49 "杨茂造"剔红花卉纹尊
　　　　元
高9.4厘米，口径12.8厘米
现藏北京故宫博物院

元代漆器款识与宋代基本相同，大体可分两种情况。一种是漆书长款，标明漆器制作的年代、制作地点和制作者（或铺名），有的还标上地方官和漆匠头目等。带有年号的漆器应为官办作坊所做。从款识可知，为内务府制造器物在监督管理制度上是极其严格的。另一种款识特征为针划名谓短款，一般在器物底部左侧退光漆上针划工匠名姓，字体类似楷书，字迹流利清晰，不十分工整，像"张成造""杨茂造""张敏德造"等款，表现出与官办漆器作坊款识的不同特点。

元代漆器的制作，主要集中在经济、文化发达的东南地区，其产品行销海内外，不但元大都市场有"吴越之髹漆"，而且还大量销往日本等地，其中一部分至今保存完好，成为研究元代漆器的重要依据。

20. 明代漆器

明代是漆器生产的极盛时期，特别是皇家的官办作坊成为生产的主流。明代内府设有二十四衙门总理手工生产，其中御前作、御用监、内官监均承做漆工活计。御用监主管造办皇帝御用的围屏、摆设、器具及螺钿、填漆、雕漆、盘匣、扇柄等件。御前作、内官监也承作漆工活计，但互有侧重，分工较细。明成祖朱棣迁都北京以后，还在西什库一带由御用监建立专门为皇家服务的漆工作坊——果园厂。坊内名工巧匠从全国各地精选而来，不计工时，不算成本的精工细作。因此，果园厂生产的漆器，代表了明代漆工艺的最高水平。

永乐、宣德时期的漆器，大多出自果园厂能工巧匠之手，是明代漆器最辉煌时期的作品，具有明代早期漆器的独特风格。形制以盒、盘为主，其次为匣，还有盖碗、盏托、尊等。盒有蔗段、蒸饼、撞式等。盘的形制主要有圆形、菱花形、葵瓣形、荷叶形、八角形等。品种以雕漆和填漆为主，特别是雕漆成就最为突出，有剔红、剔犀、剔彩等，以剔红为主。雕漆为表现景物的主体效果，尤其是花卉题材的作品，有的花纹层次起伏达三、四层之多，盘枝错梗，错落有致，几近圆雕。此外还有填漆、描金、戗金

图50　剔红牡丹纹圆盘
明·永乐
高3.3厘米　口径21.2厘米
现藏北京故宫博物院

图51　剔红双螭荷叶式盘
明·宣德
高2.8厘米　长24.2厘米　最宽处15.2厘米
现藏北京故宫博物院

漆器等。

装饰题材以花卉、龙凤飞禽、山水人物等为主，根据不同题材，处理方法各具特色。以花卉为主题的作品，有茶花、牡丹、菊花、玉兰、秋葵、水仙、梅花、千叶榴、灵芝花等。多在圆形盘及蒸饼、蔗段式盒面满铺，构图布局讲究对称舒展，或一朵，或数朵盛开的大花朵，旁衬小朵花和花蕾。由花卉、鸟禽、龙螭等组成的图案，常见的有孔雀、龙、凤戏牡丹、螭穿灵芝、茶花绶带鸟等。多采用夸张又富有浪漫色彩的形式表现，以盛开的花卉作底，上压成双成对的飞禽、龙螭游离于花丛之中，或腾飞于云雾之中。山水人物题材有携琴访友、南山观瀑、东篱采菊、竹林七贤、杜工部诗意等，反映出文人墨客清静悠闲、怡游畅饮的生活情趣，多雕刻在盘内和蔗段式盒的平盖面上，常在中心部位开光，内刻山水人物，外饰花卉。所见题材这些花卉、鸟禽、山水等装饰纹样，均体现了安祥、吉庆的特点，是当时社会安定、人民生活较为安逸的反映。

正统至正德六朝近百年时间里，由于社会动荡，经济衰退，官府漆工业作坊陷于停顿状态，因此，存世漆器中刻有这一时期年款的作品极为罕见。至嘉靖、万历时期又出现了繁荣景象，官办的漆器作坊占据统治地位，并形成独特的新风貌。

这时期漆器器形变化较大，突破以往陈规，呈现出面目一新的风貌。盒的形制多种多样，且形体增大，器身增高。除已有的蔗段式、长、方、直角式盒外，最为流行的是圆形捧盒，兼有方形、八角形等，新出现的则有银锭式、方胜式、梅花式、海棠式、茨菰叶式以及寿字形、卍字形、鱼形等。盘的形制也多样，如具有嘉靖时期标准特征的梅花式、银锭式、菊瓣式等，万历时期的标准器形是内凹委角长方形，随形圈足。明晚期还出现方形、瓜棱形、葫芦形壶，小柜、小箱、桌屏等新器形品种。

这时期漆器纹饰以吉祥祈福及反映民间世俗生活为主。含有吉祥寓义的有动物、植物及各种神灵形象，如龙、凤、鹤、羊、狮、鹿、麒麟、松树、寿石、竹、梅花、灵芝、仙桃、牡丹、祥云，还有八卦、八宝、杂宝、卍字、回字纹等。还有把吉祥图案和颂词吉语相结合，以迎合统治者的欢心。如在开光及吉祥物上

图52　剔彩仙鹤捧寿纹圆盒
明·嘉靖
高14厘米　口径30厘米
现藏北京故宫博物院

图53　剔彩双龙纹长方盒
明·万历
高10厘米　长30厘米　宽18.2厘米
现藏北京故宫博物院

承托"万永长生""圣寿万年""乾坤清泰"等吉语。另外，有一种新奇别致的构图，即用枝干和松竹蟠曲成福禄寿等吉祥文字，或以大型文字为主，与其他吉祥题材组织在一起。受绘画艺术的影响，这个时期还出现了一些传统的山水花鸟纹样和反映民间习俗的新题材，如货郎图、婴戏图、龙舟竞渡等。也有显露出淡雅秀丽的江南特色和士大夫文人情趣的作品，如竹林七贤等。从总体风格上看，嘉靖、万历时期官办漆器作坊的作品，在艺术风格上形成一种繁缛、细腻、工巧华丽的新特点，构图较中期更加缜密繁缛，至万历时更加细腻工整，以缠枝小朵花叶作各种边饰图案，在花叶上密刻筋脉，成为万历漆器最突出的特征。

在工艺技法上有雕漆、填漆、戗金、描金漆、描漆、犀皮漆、嵌螺钿、百宝嵌等，不仅种类繁多，技法上亦较以前成熟、进步。其中雕漆成就最为突出，特别是剔彩漆器骤然增多，一跃成为雕漆的主流产品。重色雕漆是这时期剔彩的主要技法，主要体现在色彩和雕工上，多采用红、黄、绿三色漆分层平涂，剔刻出黄龙、绿水、红花、绿叶、黄蕊等各种色漆图案。堆色雕漆是这一时期剔彩工艺的创新技法，用于表现花筋叶脉等局部纹饰。嘉靖雕漆雕工精细，刻后不磨，以棱线清楚有力形成这一时期的新特点。万历较嘉靖更甚，刀工峻深陡直，纹饰纤细整齐，运刀如笔，显示出锋棱之美。这种特点为万历前后所不见，形成一种新的艺术特色，成为我国雕漆承上启下的重要时期。

明代漆器上署有纪年款识的只有八个年号，即永乐、宣德、弘治、嘉靖、隆庆、万历、天启、崇祯，其中以永乐、宣德、嘉靖、万历四朝最多。

永乐时期果园厂生产的漆器，沿袭元代张成、杨茂的刻款方法，主要为针划年款，一般于器物底部左侧边缘针刻"大明永乐年制"六字竖行款，字体近似行书，行笔纤细清秀，不甚工整。

宣德漆器款识改永乐针划细款为刀刻填金楷书款，笔划较粗，刻锋刚劲，款字有"宣德年制"和"大明宣德年制"两种，其中"德"字心上无一横，款字排列横竖不一，刻划位置也殊无定制，比较灵活，有在器底、盖面、外壁等，因而有"宣德款遍全身"的说法。

图54　剔红竹林七贤图长方盘
明·万历
高5.1厘米　宽26.8厘米　长40.3厘米
现藏北京故宫博物院

嘉靖漆器的刻款为制造年代款，"大明嘉靖年制"楷书款，有横行、竖行、竖两行格式。带有隆庆年款的漆器目前仅知有四件雕漆和一件螺钿漆器，均在器底正中刻有"大明隆庆年制"楷书填金款和"大明隆庆年御用监造"款。万历漆器虽亦为刀刻填金楷书纪年款，但多在年号之外，加有干支纪年字样，使款文由六字变成八字，如"大明万历乙未年制"等，也有"大明万历年制"六字款。

一些民间制器也留有款字，如江千里作品，多留有"千里"款和"江千里式"款识。有注明家斋的名字或注明是个人收买的漆器，如"万历癸卯守一斋置"等。

【名家点金】

明代官款漆器中宣德款最多，存世一百余件，但风格却并不一致。经过多年研究发现，其中多为永乐款改成宣德款。除此之外，还有把元代、嘉靖、万历款改为宣德款的，也有明代民间作品后刻宣德款者，更有清代制作的赝品。所以，不可单纯以现有款识来鉴别器物的年代。

——漆器鉴定家　夏更起

21．清代漆器

清初康熙年间，为了满足皇室的需要，设立了"养心殿造办处"，下设各"作"，负责皇家各类御用品的制作。造办处具有庞大的制造网，工匠从地方选送到养心殿造办处当差，各地还有属于造办处制作系统的专门机构，通过督、抚、关差、织造、盐政等接受造办处定制的活计。内廷使用的漆器一部分由造办处"油木作"中的"漆作"专门生产，一部分由地方制作进贡或由造办处定作，如扬州、苏州等地都承办造办处交派的活计。

康熙、雍正、乾隆三朝造办处承做的漆制品非常精美，代表着清代漆器制造的最高水平，但各个时期品种侧重不同。康熙朝的重点品种是螺钿漆器、填漆及戗金漆器；雍正朝以仿洋漆、描

图55　彩漆描金喜相逢图盒
清·雍正
高7.8厘米　口径13.8厘米
现藏北京故宫博物院

图56　剔彩圭璧盒
清·乾隆
高2.6厘米　长18.3厘米
现藏北京故宫博物院

金漆、描金彩漆、描漆、填漆戗金等为发展重点；乾隆朝号称盛世，百工炫巧争奇，脱胎漆器、识文描金漆器、百宝镶嵌漆器等都有发展，尤其是雕漆最为出色。

清代漆器造型多样，品种繁多，小到盘、盒、碗、碟、文房用具，大到屏风、宝座、床榻、桌椅、条案以及挂屏、香几等，使用范围扩大到清代宫廷生活的各个方面。除传统的器形外，一些独特新颖的造型频频面世，形成清代漆器造型的新特点。以盒为例，有仿造车船、殿阁建筑的辇车形香盒，画舫形香盒、殿阁形香盒，有寓意吉祥的桃形盒、鱼形盒、寿字形盒，有仿书卷式、书函式盒，还有模仿各种果形盒、叶形盒等，如石榴形、莲子形、荷叶形、瓜形、葫芦形等，可谓空前绝后。受好古风气的影响，还出现了仿瓷器、玉器及青铜器的造型。如仿瓷器的天球瓶，仿玉器的圭璧式盒、磬形盒，仿青铜器的壶、铜簋式盒、出戟觚等，均是前代绝无仅有的。

清代漆器装饰用色之繁复，为历代之冠，各种色彩具备，且使用油彩、漆色油彩兼施并用，收到很好的艺术效果。装饰纹样较明代更加丰富多彩，新题材不断涌现。以世俗生活和吉祥寓意作装饰纹样的，继承了明代一些传统的装饰题材又有新的特点，如观童洗象、观鹅图、百子图、渡海图、试马图及水浒人物等。鱼、龙、海兽等成为这时期新的吉祥意义的象征物。由于乾隆皇帝崇尚古物，故漆器出现仿古纹饰及器型。但这些仿古趣味的器物、纹饰，是按照新的审美要求被加以改造、取舍，如变狰狞神秘的商周青铜器纹饰为飞舞优美、欢乐吉祥的图案。另外，还有在满刻锦纹地上作画、加刻诗文词句等，均是清代新的表现手法。

清代漆器技法上不断完善和提高，并出现一些新的工艺。一色器主要有黑、朱漆，还有一色金漆。不加任何装饰纹样，以造型和色泽取胜。描金漆器多为黑地描金和朱漆描金，也有紫漆描金等。描漆数量可观，相当考究，有黑理钩描漆、划理描漆、黑理钩描油、金理钩描油、划理描油等手法。填漆与填漆戗金工艺水准极高。填漆戗金不仅制作精美，有的还饰有锦纹地，绚丽华美。雕填的花纹有填成的、描绘的，也有填描兼施的。螺钿镶嵌

68
69

图57 填彩漆荷叶式盘
清中期
高3.8厘米 口长25厘米 口宽16厘米
现藏北京故宫博物院

图58 黑漆嵌画珐琅西洋人物笔筒
清中期
高15厘米 口径9.8厘米
现藏北京故宫博物院

漆器得到前所未有的发展，不仅产品数量多，制作器物的范围也很广，螺钿注重选料，愈见华美。百宝嵌、雕漆等均发展达到高峰。

清代尤其是乾隆时期漆器工艺的最大特点和创新之处，是将髹漆与其他工艺品种结合，以及将多种髹漆技法融为一体，表现出漆工技法的高度发展和娴熟运用。多种工艺的结合主要是漆器加镶嵌，嵌饰材料有各类金属器、竹木牙角、珐琅、珠宝、玻璃、玉石等。多种髹漆技法相结合，有堆漆与描金漆结合，雕漆与填漆戗金结合，螺钿镶嵌和描金结合等。代表作如清中期的黑漆嵌画珐琅西洋人物笔筒，通体髹黑漆为地，四面各嵌两块画珐琅片，饰西洋女子及五言诗一首。四边棱及口缘均髹金漆。整器集漆器、珐琅两种工艺于一体，是清代漆器创新工艺的代表作。

清代各朝款识特点均有不同。康熙带款作品不多，均在器底正中刀刻填金"大清康熙年制"楷书年号款。雍正款识多刻于器底正中，为刀刻填金或描金"大清雍正年制""雍正年制"楷书款，有的外加双方框，似印章。乾隆器刻款较多，常见于器内外正中或盖内，刀刻填金，如"大清乾隆年制""乾隆年制""大清乾隆仿古""乾隆仿古"等，书体有楷书、篆书和隶书，款外有单线或双线框。乾隆款识的特点是除年号外，有的还刻上吉言、器名，如剔红雅集宝盒，盖内刻"雅集宝盒"，盖底刻"大清乾隆年制"。

官办作坊漆器多刻款识，民间制漆名匠的作品也有刻款的，一般只刻名谓，如"卢映之制""卢葵生制""葵生制"一类名款，有隶书和楷书，还有在款后加刻印章，使作品书卷气十足，格调高雅。

【小辞典·堆漆】

用漆或油调灰堆出花纹的做法称为"堆漆"，可表现立体花纹。汉代出现，湖南长沙一带汉墓中出土的漆器上发现几处。如长沙马王堆一号汉墓第二层套棺上的云气纹，以及三号墓发现的盝顶长方奁上的云气纹，都是用凸起的线条作装饰。明代《髹饰

图59　百宝嵌洗象图盒
清早期
高7厘米　长22.5厘米　宽18.3厘米
现藏北京故宫博物院
70
71

录》中列为"阳识""堆起"漆器，可溯源至此时。

22. 漆工专著《髹饰录》

《髹饰录》是明代隆庆年间黄成撰写的一部漆工专著，也是目前我国现存唯一一部古代漆工专著，为研究古代漆器的种类、工艺技法以及漆工艺的发展状况，提供了系统而坚实的资料。

黄成，号大成，安徽新安平沙人，又称黄平沙。具体生卒年不详，主要活动于明代隆庆年间。他是当时著名的漆工，《格古要论》《清密藏》称其剔红技术可匹敌官营作坊果园厂。杨明《髹饰录》序曰："称一时名匠，复精明古今之髹法。"

《髹饰录》总结了自尧舜以来至明代漆器、髹漆的各种技法及黄成自己的经验。全书分乾、坤两集，共十八章一百八十六条。《乾集》讲制造方法、原料、工具及漆工的禁忌；《坤集》讲漆器分类及各个品种的形态，把漆器按工艺技法共分作十四类，即质色门、纹䰀门、罩明门、描饰门、填嵌门、阳识门、堆起门、雕镂门、戗划门、斒斓门、复饰门、纹间门、裹衣门、单素门，为古代漆器的分类提供了可靠的依据。明天启五年（1625年），浙江嘉兴西塘名漆工杨明为《髹饰录》撰写了序言并逐条加注，使此书内容更加完备丰富。

当代漆器研究专家王世襄先生以《髹饰录》为主要依据，在分类上作了适当的省略归纳，调整变通，把古代漆器分为明清常见的十四类：一色漆器、罩漆、彩绘、描金、堆漆、填漆、雕填、螺钿、犀皮、剔红（包括剔黄、剔绿、剔黑、剔彩等）、剔犀、款彩、戗金、百宝嵌等。他所著的《〈髹饰录〉解说》，是我国目前研究传统漆工艺的必备工具书。

二 竹木牙角雕刻篇

以竹木、象牙、犀角质地为材料，制作或雕刻成以供实用及观赏、摆设的工艺品，除大型器物如建筑、家具和造像外，一般都将其归为杂项中的竹木牙角类。竹木牙角雕刻是中国独特的工艺美术，历史悠久，最早可以追溯到距今数千年前的新石器时代，历代都有一些极具艺术价值的作品传世，而真正的繁荣为明清时期，流派纷呈，名家辈出，工艺技法更是推陈出新，从传统的圆雕、浮雕、透雕、阴刻，到留青、竹黄，以及果核微雕、象牙球等绝技。这些精妙的雕刻作品，体现了中国独特的文化传统，与其他艺术门类一样，是中国古代艺术的杰出组成。

1. 竹刻

竹刻是中国特有的一种雕刻艺术，以竹为纸，以刀代笔，融和了中国书画艺术的一些表现形式。每制成一件作品，或自行设计，或采用名家画稿，或博采各种题材，殚情竭智，度形制器，状态写神，充分发挥竹材的特点，不须借助人为的生硬色泽，利用多种雕刻技巧，无论是表现人物、山水、花木、鸟兽，均能体现出书画的笔墨情趣。以简朴高雅为其特色，超出一般工艺品而列入艺术之林。

竹刻作为工艺美术中一个独立的门类，是与竹在中国文化中的地位分不开的。竹子质地坚韧，节实杆挺，虚中洁外，筠色润贞，四季常青，被喻为"君子"，与玉一样，成为高尚气质的象征。因为竹子在中国历代文人心目中的崇高地位，以竹为材料的雕刻才在宋代由匠人制作的工艺品逐渐成为高雅的艺术品，并在明清时期走向繁盛。

竹刻作品中所选用的竹材主要有毛竹、斑竹、棕竹等。毛竹亦称筒竹，枝干粗壮，圆筒状的形体适于雕刻笔筒、臂搁等文房用具和生活用品。斑竹又称湘妃竹，形体修长，表面有美丽的红褐色斑点，多用来作扇股、笔筒、手杖，或被劈成竹篾粘贴成箱、柜之类生活用品。棕竹色泽深褐，有深浅不同的条纹，劈成片状可用作拼贴盒、匣等器。历代竹刻的雕刻技法多样，韵味也不尽相同，归纳起来，大体有阳雕、浅浮雕、高浮雕、透雕、圆雕、留

图60　竹雕饕餮纹活环提梁壶

清中期

通高22.9厘米　口径4.9厘米　足径4.5厘米

现藏北京故宫博物院

74

75

青等几种。

以竹制器在中国有着悠久的历史，传说中神农氏用竹制作农具，女娲用竹管造笙、簧，黄帝用竹管制作萧、笛，仓颉则用竹简制成书册，嫘祖用竹片编制蚕箔。新石器时代出土的陶器上留下很多竹编器模压的痕迹。自战国始，竹器的应用除建筑外，范围日渐广泛。如削竹为简，编连成册，制作书籍来记载史事、典律、兵法和医篇。竹简可算是以镌刻图纹和文字来装饰竹器的竹刻工艺的前身。还有各种竹制兵器、乐器及生活用具等，如湖北江陵拍马山战国楚墓出土的髹漆三兽足卮，湖南长沙楚墓出土的竹箧、毛笔和涂漆的鸟形双口杯等。虽然这些竹制品只能算作是与生活有密切关系的日常用品，还未发展成为一种独立的工艺，但表明了当时手工艺人已懂得采用这种常见的材料进行雕刻，为我们研究竹雕艺术的起始提供了宝贵的资料。

从记载上看，竹刻作为艺术品在魏晋南北朝时期已出现。《南齐书·明僧绍传》中载，齐高帝曾赐给隐士僧绍一根竹如意，即是取用竹根为物料雕刻成的。另据史籍载，南朝时的门第阀阅之家竞以纹饰为尚，常在斑竹笔管上雕刻人物、花鸟及诗词文句等，这种风气直至唐代仍十分盛行。

宋代竹刻技艺已见精进。在雕刻风格上，除继承前代雕刻技术，还扩大了取材范围及艺术视野，特别是金石学的兴起，绘画的发展，许多文人参加到工艺品的制作中，将笔法融入刀法中，逐渐形成了宋代多类雕刻品的一大特色。这个时期最著名的竹刻高手是詹成，元陶宗仪《南村辍耕录》中记载詹成雕刻精密无比。宋代的竹雕作品实物很少，宁夏西夏李遵顼陵出土一件竹雕残片，采用了浮雕、浅刻、深刻等技法，将庭院、松树、花卉及人物生动地表现出来，菱形米字地纹，与元、明时期的雕漆刻锦地纹十分相似。

明代中期以后，竹雕的艺术性被逐渐地重视起来，从事专业刻竹的工匠和喜好刻竹的文士日益增加，特别是文人的参与，他们或自己画稿设计，或亲自操刀，使竹刻真正发展成为一门艺术品类，日趋兴盛起来。这个时期竹刻发展迅速，技艺精湛，超越前代。明代正德、嘉靖朝之后，几乎每个时期都有一些杰出的竹

图61　竹刻人物横楣
西夏
长7厘米　高2.6厘米　厚0.1~0.3厘米
1974年宁夏银川西夏8号墓出土
现藏宁夏回族自治区博物馆

图62　竹雕群鹅戏塘小摆件
明
高6.5厘米　长11.5厘米
现藏南京博物院

刻艺术家出现。他们主要分布在江苏一带，尤以金陵和嘉定两地最为繁荣，形成了以濮仲谦、朱松邻为代表的金陵派和嘉定派。

明末至清初，在朱氏三代竹刻艺术的影响下，竹刻在各地得到日益广泛的发展，除了传统的金陵、嘉定外，徽州等地也成为竹刻艺术的发达地区。许多卓越的刻竹能手相继出现，其中知名者就达六七十人之多。他们在继承朱氏传统技法的同时，不断创新，出现了一些新的风格流派，其中以吴之璠的薄地阳文浮雕，封锡禄、封锡章兄弟的竹根立体人物雕刻，周颢的平刻花纹及方洁庵的竹黄浅浮雕等最为突出。竹刻日益成为一门流行的艺术形式。当时，以竹制笔筒、香筒、臂搁等十分普遍，且极尽图绘雕镂之能事，几乎失去了它的实用价值，完全是一种观赏的艺术品，艺术家们纷纷在上施展着他们的巧思。

乾隆时期，竹刻趋于纤巧、细腻，向多样化发展。乾隆皇帝好古，因此竹刻中的仿古制品也相继出现，如壶、瓶、卣、瓿、鼎等，不仅在造型上追仿先秦古器物，而且纹饰亦多取自青铜器，显得别有风致。此外，将诗书画印运用到在竹器雕刻上，纹图不仅有作者款铭，而且还多加诗词、印章，更显书卷气，取得了极好的艺术效果。

乾隆、嘉庆之后，竹刻的风格渐趋流行浅浮雕和阳纹平刻。镂空雕法与圆雕技法不再被普遍使用，只有蔡时敏立体圆雕、庄绶纶的透雕等少数几家。此时的竹刻不再强调造型和立体感，图案及题材大部分采用名家书画为蓝本，著名者有嘉定派的邓渭，金陵派的潘西凤和方洁等。

【小辞典·臂搁】

文房用具。书写时为避免肘、腕部与纸面接触损毁字迹、纸张的垫衬之物。形状源自半剖的竹节，多为半圆筒形。始见于宋代。清代制作最为讲究，有竹、象牙质，多施以书法、雕刻。

图63　竹根雕采药老人
清
高14.7厘米
现藏北京故宫博物院

78
79

2. 金陵派竹刻

金陵派竹刻是明代濮仲谦创立的竹雕工艺流派，因其为金陵（今南京）人，故名。特点是以用刀很浅的浮雕技法为主。

濮仲谦，名濮澄，字仲谦，生卒年不详，活动于明代万历至崇祯时期，清初尚在。《太平府志》说他"有巧思，以镂刻名世，一切犀、玉、髹、竹皿器，经其手，即古雅可爱"。明代张岱《陶庵梦忆》中说"其竹器，一帚一刷，竹寸耳，勾勒数刀，价以两计。然其所自喜者，又必用竹之盘根错节，以不事刀斧为奇，则是经其手略刮磨之，而遂得重价"。清人宋荔堂在《竹罂草堂歌》中称赞他："白门濮生亦其亚，大璞不斫开新硎。虬髯削尽见龙蛇，轮囷蟠屈鸥夷形。匠心奇创古无有，区区荷锸羞刘伶。"这些记载说明濮仲谦是位身怀绝技、一专多能的雕刻艺术家。

濮仲谦的竹刻与众不同，有鲜明的特点。喜用刀很浅的浮雕技法，有人称之为"水磨器"。当时，他用这种技法刻制扇股、酒杯、笔筒、臂搁之类器物，也使用在木器和牙角上，曾妙绝一时，受到世人的喜爱。他还喜用盘根错节的竹根，根据竹材的自然形状和特征，用简洁的刀法，略施雕凿，随形施刻，自然成器。代表作品如现藏故宫博物院的竹雕松树形小壶，用天然盘连的竹根，采用深、浅浮雕技法雕成松树形，以松杆为主体，松枝盘曲成柄，断梗作流，壶盖巧雕成枝叶形，叠压错落，形似折枝，又与壶身主杆相连。柄下隐刻阴纹"仲谦"款。从此作可见其追求自然、刀法细腻流畅、韵味古雅的艺术特色。

金陵派竹刻还有几位著名的艺人。一位是李耀，字文甫，年代稍早于濮仲谦。《竹个丛钞》称其"善雕扇骨，镂花草玲珑有致，亦能刻牙章，尝为文三桥（彭）捉刀。"成就不如濮仲谦，但为金陵派的创立奠定了基础。

清中期的潘西凤，浙江人，精通各种技法。他所制竹刻不事雕琢，追求神态之趣，郑板桥称其为仲谦之后第一人。

清代嘉庆道光年间的方洁也是金陵派刻竹名手，人称"方竹"。字炬平，号治庵，浙江黄岩人。清代蒋宝龄《墨林今话》

图64 "仲谦"款竹雕松树小壶
明
高12.3厘米 径8.4厘米
现藏北京故宫博物院

图65 "仲谦"款竹刻八仙笔筒
明
高15.9厘米 口径17.4厘米
现藏南京博物院

中说他："精于铁笔刻竹，尤为绝技，凡山水人物小照，皆自为粉本，于扇骨、臂搁及笔筒上，阴阳坳突，钩勒皴擦，心手相得，运刀如用笔。"他虽为浙江人，但刻法属于金陵派，将嘉定刻竹中的高浮雕技法改进，使之成为只稍突出平面几毫分的阳文浅浮雕。最具特点的是在竹臂搁上以阳文浅浮雕刻人像，能够须眉逼真，被称为绝艺。清代学者张庭济曾称赞他的竹刻道："竹人自昔流城传，只恐赎君更擅场。"

3. 嘉定派竹刻

嘉定派竹刻是明代朱鹤创立的竹刻工艺流派，因其为嘉定（今上海嘉定县）人，故名。与金陵派竹刻风格不同，以镂刻为主，重在深刻，且刀法稳重，作品多以透雕、深雕、高浮雕为主。十分重视刀法运用，喜用圆刀，并将画法与印法等运用到竹刻中，运刀如笔，使这门古老的工艺脱离一般的匠人之作而成为艺术。

朱鹤，字子鸣，号松邻。据《嘉定县志》记载，祖籍新安，宋建炎时期迁徙到华亭（今上海松江），后来定居嘉定（今上海嘉定县）。擅长摹印和雕镂，工韵语与绘画，能以笔法运于刀法，创造出深刻法与透雕法，为竹刻艺术开辟了新的道路。多作笔筒、香筒、臂搁及簪钗等服饰物，在寸许竹木上，随意刻画山水人物、楼阁、鸟兽等纹饰。他的竹刻作品在当时很受世人器重，以至不以形状称器，而直接呼之为"朱松邻"。代表作有南京博物院收藏的竹雕松鹤笔筒等。

朱鹤之后，其子小松、孙三松均为嘉定派竹刻传人，为一时高手，并称"嘉定三松""竹三松"。

朱鹤子朱缨，字清父，号小松。他秉承父业，博涉多能，工诗，擅书画，尤喜刻竹。竹刻技法齐备，除阴刻、阳刻、立体雕刻外，也做镂刻和留青阳文等，刻工之精细酷肖乃父。据《嘉定县志》记载，竹刻题材广泛，花卉、山水、仕女、古仙人物等无所不包。善用绘画中的留白，山川连贯，树身苍劲，行曲盘折，仿佛天工。古仙佛像，相貌奇古，有吴道子风格。朱小松名气很盛，当时

图66　朱松邻竹雕松鹤笔筒

明

高17.8厘米　径14.8厘米

现藏南京博物院

图67　朱三松竹雕仕女笔筒

明

高14.6厘米　口径7.8厘米

现藏北京故宫博物院

有"小松出，而名掩松鄰"，大有盖过乃父之势。

朱稚征，号三松，是朱小松的第三子。自幼研读诗书，习字作画，善画远山、澹石、丛竹、枯木等，尤长画驴。博古儒雅，与当时社会名流交往颇多，但决不为重金、权势曲意迎合，人品受到世人推重。他将家传竹刻技艺发扬光大，成为朱氏祖孙三代中成就最为突出的。竹刻题材更为广泛，将明末流行的戏曲典故、传奇故事等搬入竹刻中。刀法变先人的纤巧工谨，更追求简古精雅的意趣，特别是刀法和画法的结合，犹如饱墨运笔，刀笔并举，对后世产生了巨大的影响。每件作品均经岁累月完成，与珠、玉等价，有着很高的声誉。

"嘉定三朱"在竹刻艺术上的巨大成就，使明代中叶以后竹刻蔚然成风，从者甚众，著名者有侯晋瞻、沈大生、秦一爵等，但作品较为少见。清代嘉定派竹刻依然风行，著名的有吴之璠，封氏家族中的封锡爵、封锡禄兄弟，以及周颢、施天章等人。

吴之璠，字鲁珍，号东海道人，是活跃于康熙前期的嘉定派竹木雕刻家。吴氏刻竹大致分为两种，一是师承朱三松，用深刻作高浮雕，深浅多层，高凸处接近圆雕，低陷处则采用透雕技法；另一种是借鉴北魏浮雕的表现方法，以薄地阳文即去地浮雕法，以浅浮雕突出主题，留空四周作为背景的新型雕刻法。这种刻法使宾主、虚实分明，对比强烈，素地可见到朴质的竹丝，精镂细琢部分则肌润光泽。吴之璠善于以景物来遮掩压叠，刻划的纹饰层次分远近，在浅浮雕有限的高度上，甚至在高低相同的表层上，都能给人以透视深度之感。因此，他的作品为识者所珍。其薄地阳文的代表作有荷杖僧图笔筒、滚马图笔筒等。

封锡爵，字晋侯，嘉定城南人，工诗善画，刻竹名家。淡泊名利，经年不踏城市一步，在家乡过着清静的田园生活。竹刻技术高超，善运圆刀。传世作品不多，名作竹根雕晚菘笔筒，新颖奇特，至今令人赞叹。

封锡禄，字义侯，号廉痴。善刻竹，尤精于竹根人物。《竹人录》说："竹根人物盛于封氏，而精于义侯，其摹拟梵僧佛像，奇踪异状，诡怪离奇，见者毛发竦立。至若采药仙翁、散花天女，则又轩轩霞举，超然有出尘之想。"北京故宫保存的众多竹刻作品

图68　吴之璠竹雕松溪浴马图笔筒
清
高16厘米　口径14.8厘米
现藏北京故官博物院

图69　封锡禄竹根雕布袋僧
清
高7.2厘米
现藏北京故官博物院

中，就有封锡禄刻制的寿星、采药老人、弥勒佛和牧童笔筒等。所刻人物神情，特别是细微的表情、动作，十分传神。

周颢（1685—1773），字晋瞻，号芷岩，为雍正至乾隆年间极负盛名的竹刻家。他在朱氏祖孙三代画法刻竹的基础上创凹凸皴法，以浅浮雕及平刻为主，不假画稿而以刀代笔，直接刻出山水、树石、丛竹。他一变朱氏三代竹刻山水、人物点景基本都师法北宗的做法，而以南宗画法直接运用到刻竹中，别树一帜。他以阴刻为主，轮廓皴擦多以一刀剜出，王鸣韶《嘉定三艺人传》称："皴擦勾掉悉能合度，无论竹筒、竹根，深浅、浓淡，勾勒烘染，神明于规矩之中，变化于规矩之外，有笔所不能到而刀刻能得者。"清代《竹人录》的作者金元钰曾以汉唐诗家比喻明清竹刻，而把周颢比作盛唐的杜甫，认为他是清代竹刻开创新法的第一人。

施天章是封氏兄弟的弟子，雍正年间曾被招进宫供奉如意馆。他的竹根人物，虽是继承封氏刻法，但又自具一家风貌。在他雕出的人物作品中，人物手足之位置，衣服之潇洒，面目之神态，都极为生动。如老人的鸡皮鹤发、结喉露齿或脊肋之骨，皆悉可指数。他在如意馆中是个多面手，不仅刻竹，而且还是刻牙、刻漆的名手。

【小辞典·北宗与南宗】

中国书画史上的一种论点。明代董其昌提出中国山水画分"南北宗"之说。北宗以表现北方高山大水为主要题材，开创了大山大水的构图，善于描写雄伟壮美的全景式山水。五代的荆浩、关全和北宋的李成、范宽为该派宗师。南宗长于表现平淡天真的江南景色，体现风雨明晦的变化，宗师为五代北宋间的董源、巨然。

4. 留青竹刻

留青，也称皮雕，是利用竹青筠和竹肌的色泽变化进行处理

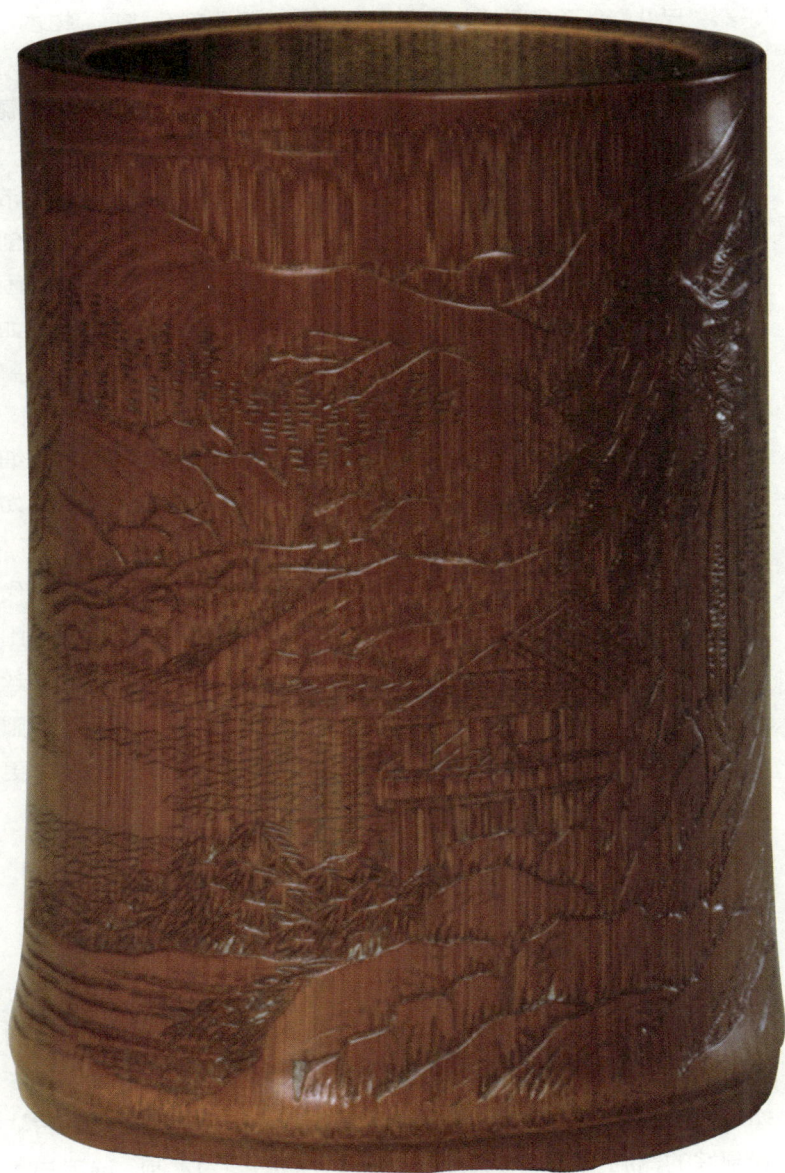

图70 周颢竹雕云罗山水图笔筒
清
高14.2厘米 口径10厘米
现藏北京故宫博物院

86
87

的一种浅浮雕技法，即留用竹表青筠雕刻纹饰，以竹肌为地，故名。竹青筠色洁如玉，色浅微黄，竹肌则显露自然纹理，色深如琥珀，经时间的变异，色泽差异更为分明，形成由浅至深，自然退晕的特殊效果，是竹刻艺术中一种独特的表现形式。

目前所见最早的留青竹刻实物是收藏在日本正仓院中的唐代乐器"尺八"，又名竖笛。笛用三节竹管，表面刻有飞鸟、树木、弹琵琶与摘花者以及仕女等，纹饰布满笛面。刻纹方法采用直刀留青法，竹肌为地，再在青皮上刻划花纹，刀法质拙，有"制度混朴"的特色，技法尚在初级阶段。

明代留青竹刻有了重大的发展，出现了留青竹刻高手张希黄。张希黄，名宗略。他发展了前人的刻法，将留青刻法进行创新，突破了旧有的平面图案形式，使用阳纹浅浮雕技巧，将书画艺术的表现手法运用到竹刻中去，使图案纹饰层次分明，工细如画，特别是利用青皮与竹肌的色泽变化，浓淡相映，达到了笔墨神韵和雕刻趣味兼备的艺术境界。多见以留青法在竹筒、臂搁、香筒上刻绘山水人物、花鸟树石、楼阁亭台等。张希黄刻竹工细精致，并能曲尽画理，具有深厚的绘画功力。观赏其竹刻，犹如赏画，成为晚明时期留青技法的典范。

上海博物馆保存有一件张希黄刻制的山水楼阁笔筒，是明代传世留青竹刻的代表作。笔筒画面刻有远山近阁，阁前有二道山坡，一坡夹叶树，树干高耸，枝叶浓密；一坡垂柳欹石，柳条丝丝，枝叶纷披。两坡之间，楼阁高筑，飞檐出戟，回廊似见，庄重非凡。远处为崇岗叠岭，逶迤连绵，山不见麓，似是云气弥漫，更使画面显出深远之感。

5. 竹黄工艺

竹黄，又称"文竹""贴黄""翻黄"，是一种以竹内膜进行加工的竹刻品种。黄色，色泽光润，类似象牙。一般多以大型的楠竹为材料，将新鲜的竹筒分节截开，劈去竹青、竹肌，仅留下如厚纸般的一层竹黄片，经过水煮、晾干、压平等工序，然后贴到制好的器胎上，再在上面雕刻花纹。器胎多为木制，选用的木

图71 张希黄款留青山水楼台笔筒
明末清初
高10.3厘米 口径5.9厘米 底径5.8厘米
现藏上海博物馆

88
89

料有楠木、柏木、杉木、红木、乌木、黄杨木等。特别是黄杨木的色泽、质地与竹黄近似，宛若天成。器表所贴竹黄，有时需要两至三层。花纹多以阴线浅刻为主，也有浅浮雕。

竹黄工艺最早始于湖南邵阳地区，制成的器物有匣、盒、盘、文具等。器物表面呈鹅黄，清淡幽雅，大多是光素，很少有纹饰。后来，嘉定竹人学来此艺并加以改进，以其擅长的雕刻施于器表贴黄上，使其更为艺术化。清中期以后，随着竹黄工艺的日益完善，不仅是邵阳、嘉定两地，浙江黄岩、四川江安、福建上杭均以制作贴黄器而著称。据《上杭县志·实业志》载："三吴制竹器悉汗青，取滑腻而已。杭独衷其黄而矫合之，柔之似药，和之似胶，制为文具、玩具诸小品。质似象牙，而素过之，素似黄杨，坚泽又过之。乾隆十六年，翠华南幸，采备方物入贡，是乾隆时尚精此技，今已不可得矣。"乾隆年间，皇帝南巡，发现此工艺，甚为喜爱，随后命地方每年向皇宫进贡，贴黄器流行一时。民间贴黄器在造型、花纹装饰上都比较简单，而进到宫廷内的器物却是精美异常，有些造型规格和图案设计甚至是由清宫如意馆画师提供，各地织造按图承办、督造，有些则是将贴黄匠人召至宫中进行制作。这些作品，可算是穷工殚巧，精美绝伦，有盒、匣、文具、盘冠架、炉、瓶、鼎、多宝格、如意、鼻烟壶、牙签筒等，其中只盒一类，品种式样就五花八门，举不胜数。图纹装饰上更是工精华美，远非民间器物可比，是将粘贴、镶嵌、图绘、雕刻等多种工艺集于一器，代表了当时竹黄工艺发展的高超水平。

【小辞典·多宝格】

又称"百宝格"或"博古格"，是专门陈设古玩器物的家具。兴盛于清代，是最富有清式风格的家具之一。将格内做出横竖不等、高低不齐、错落参差的空间，可以根据每格的面积大小和高度，摆放大小不同的陈设品。在视觉效果上打破横竖连贯等极富规律性的格调，具有新奇的意境。

图72　文竹蝉纹方炉
清中期
通高24.1厘米
现藏北京故宫博物院

图73　文竹双莲蓬式盒
清中期
通高10.2厘米
现藏北京故宫博物院

6. 木雕

　　木雕是指以木材为原料，用雕刻手法制作的艺术品和实用品。木料中适宜雕刻的有硬木和软木两种。硬木主要有黄杨木、紫檀、黄花梨、鸂鶒木、乌木等，质地坚硬，色泽深暗，纹理或如山川、流云、波涛，或如美丽的羽毛，有很强的艺术表现力，多被制作大型家具，也可用作雕刻文玩用具，箱、柜、盒等生活用品以及佛像、人物、动物等圆雕作品。软木常见有楠木、桦木、檀香木、沉香木、枷南香木等，质地多柔和细腻，具有韧性，色泽艳丽，有的还有芬芳香味，主要用来雕刻小型工艺品。

　　木雕在成为一门独立的雕刻艺术之前，在人们日常生活中的使用十分广泛，但因木料容易腐烂，早期木雕作品能留存至今的很少。距今七千年的浙江余姚河姆渡遗址和辽宁沈阳新乐遗址中已发现木建筑构件、木质生产工具、生活用具、木胎漆碗以及木雕的鱼、鸟等，证明木器使用的年代已十分久远。战国时期木器在南方的应用较为广泛，长沙战国墓中出土了许多雕花板，有镂空透雕和斜刀平雕等多种形式，图案花纹和同期的铜器、漆器具有共同的特点，雕刻最精的是包山大冢中出土的木虎、木雕动物群。

　　战国中后期，以俑为殉葬明器逐渐代替了人殉，于是木俑的制作出现了高潮。战国木俑身体雕刻粗糙，但双腿雕凿成形，并装有双足，双臂为后装，头部雕出耳、鼻和嘴，眼、唇为墨绘及涂朱，全身不刻纹，配穿衣服。汉代时，俑的躯干已大略刻出轮廓，从雕刻技巧上看，明显的承袭楚俑的造型特点，一般穿有袍服，富有生动情趣。唐代木俑为陶瓷俑替代，所见不多，堪称代表的是新疆吐鲁番市阿斯塔那206号墓出土的一批骑马仪仗俑、天王俑、木牛车等。

　　宋代地方特色突出的木雕形式相继涌现出来，著名的有浙江木雕和广东潮州木雕。浙江东阳木雕是以硬木和黄杨木为主要材料进行雕刻，采用近于中国画的构图方式，将不同时间、空间的景物融入一个画面中，以平视的人物、鸟瞰的环境构成。广东潮

图74　漆绘透雕动物纹座屏
战国·楚
高15厘米　宽51.8厘米
1965年湖北省江陵望山1号楚墓出土
现藏湖北省博物馆

图75　彩绘女木俑
唐
高约30厘米
1972年新疆吐鲁番阿斯塔那墓出土
现藏新疆维吾尔自治区博物馆

州木雕所用木料较杂，有柏木、楠木、樟木等多种。所刻纹饰一般采用连续构图，以树木、山石作为分界，将一段故事按情节、时间分成连续段落。常在作品外上漆贴金著名，金碧辉煌，因此也称"金漆木雕"。两地木雕的应用范围很广，有用于建筑中的门窗、梁柱、斗拱、家具上的雕刻、佛龛造像，还有文房用具、陈设小品等等。在雕刻技术上，建筑、家具一般以透雕、浮雕为主，如透空的隔扇、薄而平的浮花裙板、规整连续性图案的门楣等。造像、文房用具和陈设品等以圆雕为主，各种技法并用。

从宋代始，雕刻工艺受金石、绘画艺术的影响，特别是一些文人亲身参与其中，使雕刻渐由原来的实用工艺升华为艺术品。宋元时期，木雕人物、动物形像不及盛唐时的雄健质朴，木刻圆雕技法比较简洁，注重自然、流畅、写实，特别是能把握住人物的性格，将人物的神貌特征、精神气质表现出来。著名作品有木雕观音、广东韶关市南华寺木雕罗汉像、河北出土的力士像、故宫博物院收藏的李铁拐像等。

明代木雕非常发达。除宋代就很发达的潮州金漆木雕外，福州、徽州、浙江东阳的木雕都有所发展，特别是广东、扬州的硬木雕刻，温州的黄杨木雕刻，更是闻名遐迩，影响极广，并传播到海外东南亚等地。潮州木雕以造型生动、风格细腻、纤丽精巧、金碧辉煌为主要特征，用单层次镂通的雕刻技法，雕刻人物、鱼虾等作为门窗、佛龛、箱匣的主要装饰。东阳木雕风格稳厚朴实，雕刻内容多以历史故事和民间传说为题材，图案布局丰满，但满而不乱，具有浓郁的装饰性。工艺追求精巧，大多保留平面的多层次深、浅浮雕，结合镂雕、圆雕技法，线面结合，注重人物动态和整体效果，形成其独特的风格。

明代木雕除了上述地区多用来作为建筑、家具装饰外，最有特色的是富于创造性、生气勃勃的小型陈设木雕工艺品，如黄杨木、沉香木、紫檀木和桃、橄榄、菩提树和果核雕刻，在艺术上都取得了很大的成就。由于当时雕刻风气盛行，名家辈出，巧手成群。除了供奉宫廷的名工巧匠外，在地方上也有不少技艺高超的雕刻名匠和文人雕刻高手，如濮仲谦、江春波、夏白眼、王叔远等人都是一专多能、技艺出众的高手。

图76　力士像
北宋
高18.6厘米
1969年河北定州静志寺遗址塔基地宫出土
现藏河北省定州博物馆

图77　紫檀荷花纹床
清
长224厘米　宽132.5厘米　高116.5厘米
现藏北京故宫博物院

清代木雕工艺发展很普遍，几乎全国各地都有，具有浓厚地方特色的有广东潮州木雕，浙江的东阳木雕，苏州、扬州的硬木浅浮雕等。尤其是苏州、扬州的硬木雕刻家具，更是风靡全国，皇室使用的箱柜家具，多是由两江织造从苏州定制，木材珍贵，纹饰繁缛，精雕细刻，与民间相比多为富贵、吉祥之意，具有浓郁的皇家气派。

清代木雕应用广泛，从房屋建筑的梁栋、窗楣隔扇，到箱柜、桌椅、提匣、妆奁上的装饰，以及文房用具、陈设、文玩等，可以说是无处不用木，无木不雕刻。最有代表性的是小型雕刻工艺品，奇巧精美，运用了多种技艺，有的可被称为特种工艺。这些作品取材广泛，在造型、纹饰以及雕刻技巧等诸方面均超越前代。如盒类器，就有圆形、方形、瓜果形、如意形、方胜形、海棠花形、扇形等多种。在雕刻技巧上，有线刻、阴刻、深浅浮雕、透雕、圆雕、镶嵌等等。题材广泛，内容丰富，除了传统的花鸟、人物、山水外，还常见有瓜果、瑞兽、历史典故、戏曲人物以及以名家画作为蓝本的木雕等。出现了许多能工巧匠，如一技多能的吴之璠、杜士元、周义等。

7. 核雕与壳雕

核雕是在杏核、橄榄核等果核上进行雕刻，有圆形和橄榄形两种，体积很小，属于微雕制品。雕刻者常常是以触觉感应运刀，或画面，或题诗，将山水、人物、鸟兽、花卉、楼台、亭阁等大千世界浓缩于方寸之间。一般多制成朝珠、手串等小巧的工艺品，很受当时达官贵人、文人雅士的喜爱，遂风靡一时。

明清文人笔记中，以核雕留名的艺人很多，其中以夏白眼、王叔远最为著名。据明代高濂《遵生八笺》记载，明宣德年间，"夏白眼所刻诸物，若橄榄核上雕有十六娃娃，状米半粒，眉目喜怒悉具。又如荷花九禽，飞、走各有姿态，成于方寸小核，可称一代奇作，传之久远，人皆宝之"。关于王叔远的核刻也有很多记载，说他有绝巧，能于桃核上雕镌种种器物、人物、鸟兽、木石等，各俱情态，细如毫发，又无不明了，特别是他曾在一八分长

图78 橄榄核雕人物小舟
清中期
高1.6厘米 长3.4厘米
现藏北京故宫博物院

图79 椰壳雕云龙纹碗
清中期
高8.3厘米 口径17.6厘米
现藏北京故宫博物院

的橄榄核上刻"赤壁赋图",一叶小舟,舱轩篷楫样样俱全,苏东坡等人驾舟夜游,清风徐来,江流有声。舟背题款细若蚊足。雕刻技艺精致、细腻,动静结合,小中见大,堪为神工。天启年间,虞山王毅所雕的桃核,也使人爱不释手。

清代杜士元的果核雕刻,也非常有名,人称之为鬼工。因他技艺高超,被乾隆皇帝召至宫内,专为皇室服务。据说他因禁在皇宫造办处中,终日闷闷不乐,后来装疯才被放归故里。他雕刻的果核及象牙、木刻制品,均被人们视为至宝。传世的果核作品有杏核雕人物故事,橄榄核雕寿星及小船等。

壳雕是用椰壳制作茶具、罐、盒、杯、碗、壶等,色如蒸栗,起凸的浅浮雕纹饰更是精美异常。特别是雍正时期,香盒、杯、碗等椰壳雕制品,尤为精细。有的盒碗中髹上朱漆或黑漆,有的配镶上金里或银里,可见主人对其的宝爱。

8. 牙雕

牙雕,一般是指用象牙雕成的工艺品和器物。象牙洁白纯净,温润柔和,质地细腻,寓意吉祥,是精雕细刻的绝好材料。在温和、润湿的条件下不易脆裂,更适宜镂空雕刻。此外,河马、海象、野猪、鲸等的牙制品也被包括在广义的牙雕器中。

从考古实物看,牙雕的起源很早。早在旧石器时代,先民们便用野兽的牙制成了简单的渔猎工具,如钩、镖等。新石器时代的河姆渡文化、大汶口文化、良渚文化已有精美的雕花象牙制品。如浙江余姚河姆渡遗址第四文化层出土的双鸟凤纹象牙雕饰,器物上以阴线雕刻出一组画面,上下两端还钻有象征水珠的六个小孔,构图对称和谐,线条流畅。又如山东泰安大汶口文化墓地出土的象牙梳,有十六个梳齿,细密均匀,梳体镂有"S""T"和长条形纹,制作精致。同出的象牙筒是用整段象牙切削而成,筒壁上有弦纹或凹弦纹带,甚至有的采用了减地技法,在凸出的宽带上再挖刻凹弦纹,有的刻出了连续规则的花瓣纹样和对称的小孔,制作水平之高,令人赞叹。上海青浦福全山良渚文化墓葬出土的兽面纹象牙器,主纹兽面纹轮廓粗犷清晰,

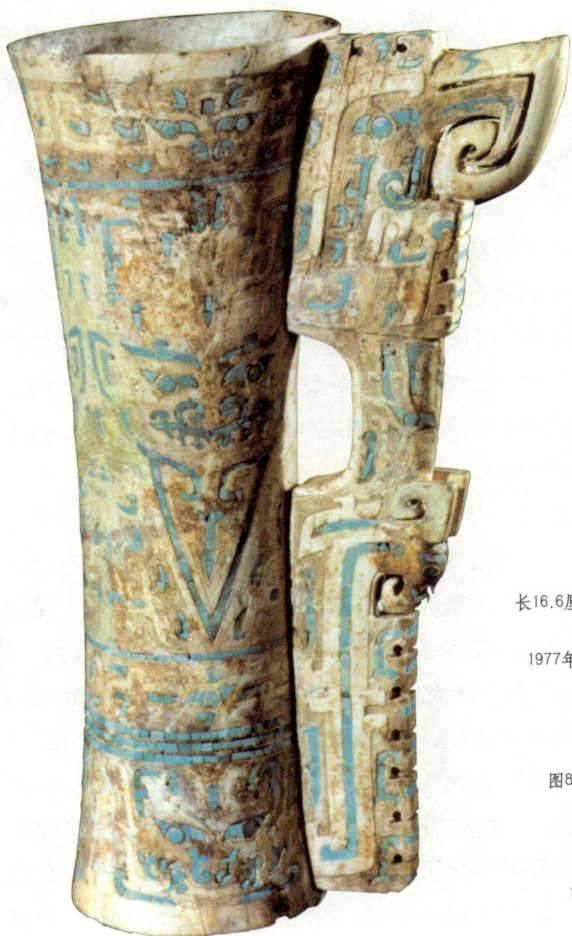

图80　双鸟凤纹象牙雕饰

新石器时代

长16.6厘米　厚1.2厘米　残宽5.9

厘米

1977年浙江余姚河姆渡遗址第四

文化层出土

现藏浙江省博物馆

图81　嵌绿松石兽面纹象牙杯

商

高30.3厘米　口径11.2厘米

口壁厚0.1厘米

1976年河南安阳妇好墓出土

现藏中国国家博物馆

地纹纤细致密。在尚无金属发明的良渚时代，能够刻划出如此精细繁密的纹饰，实在令人惊叹。

商周时期牙雕十分盛行，应用范围日益扩大，有琮、觚、筒、杯等。多加纹饰，主要有云雷、饕餮、夔龙、夔凤、蝉纹等，其繁缛、细腻处及纹饰风格与同期的青铜、玉器相类。商代表现为华丽繁密，周代则演变为简朴庄重和凝厚结实。最具代表性的作品是安阳商代妇好墓出土的两件嵌松石象牙杯。用象牙的罐口截成，呈筒状，筒旁装有把手，几与杯身等高。两件杯体均上满饰花纹，但纹饰有所不同。一件筒身与把手以浅刻回纹作锦地，以对称浮雕饕餮纹作主纹。另一件用镶嵌的绿松石将杯身相隔成四段装饰面，分别刻有夔纹、兽面纹，使画面既统一又有变化，富于节奏感，特别是松石和象牙的黄绿对比强烈，色彩明艳，使整件作品显得更为华丽。这两件牙杯综合了浅刻、浮雕、镶嵌等多种工艺，代表了当时牙雕制作的最高水平，其严整华美处与同出的青铜重器有异曲同工之妙。

春秋战国时期，牙雕向精、细、巧的方向发展，纹饰风格有一些变化。商代流行的饕餮纹已不多见，几何纹、龙纹、夔纹等增多；动物图案由商周的威严神秘变得较为亲切，如龙纹变得修长，姿态活泼可爱，更接近现实中的动物形态。为了增加装饰性，还流行在器物的表层加添漆绘图案。例如山东春秋墓中出土的一件牙梳，梳柄为两条高浮雕缠绕的蛇，左右各有一鸟，刻工精细，纹饰细部也施有彩绘。

汉代牙雕用途日益广泛，制品有碗、勺、卮、杯、尺、簪、笄、梳、篦，以及棋、牌、筹、珠、环、璧、瑗等，但主要还是以片状的制品为多。流行的雕刻技法有阴线刻和浅浮雕两种。线刻采用犹如发丝的细纹雕刻图画，称为游丝法，仿自战国玉雕，用飘逸流畅的曲线来表现图案纹饰的动感，是汉代牙雕的一种独特风格。浅浮雕类似阳文篆刻，用减地的方法去掉其他细节，只留出物象的轮廓，使图纹更为集中、概括。这两种雕刻方法，普遍运用在各种器物上，一直流行于整个汉代。纹饰图案增加了描写现实生活的题材，即使是神兽题材，也加以世俗化，而不再有诡秘神奇的色彩了。圆雕作品不多见，即使是在圆雕的外形下也是

图82　牙雕魁星
明
高16.3厘米
现藏北京故宫博物院

用这两种方法进行雕刻。

魏晋南北朝至隋代的牙骨雕刻作品传世不多，只是在文献中有一些关于象牙制品的记载。唐代象牙与珠玉、玛瑙等一起列为上等名贵的材料。牙雕制品中以各式梳篦为多，有扁平圆头的，有浅浮雕花鸟纹的，还有透空雕花的。此外还有牙尺、香囊、鱼袋等制品。

唐代牙刻最突出的是创造了拨镂雕刻法，所谓拨镂，即是将象牙染成红绿诸色，再刻上花纹，以增添纹饰的华美。以这种方法制作的牙雕工艺品，最有代表性的是牙尺。如日本奈良正仓院中收藏的多件唐代牙尺，染成红、绿、蓝等色，镂刻线条细如毫发，刻花卉、鸟兽、亭台等纹饰。

宋元时期，象牙基本被宫廷占有，民间因象牙来源短缺，价格昂贵，雕刻的象牙制品就更难见到了。传世有一件元代透雕牙饰，刻缠枝牡丹、天鹅及海东青，牡丹枝叶上稍加阴纹，线条不多，却刚健有力，镂空简拙，与同时的玉饰图纹极为相似，反映的是海东青啄击天鹅，喻示以小胜大的民族。

明代象牙雕刻工艺，逐渐恢复了元以前的盛况。用途广泛，品类繁多，生活用品有牙梳、牙簪、香匣、妆盒等，文房用具有笔筒、笔架、笔管、镇尺、水丞、印盒等，其他还有法轮、牙笏、牙璋及立体圆雕人物。牙雕人物不多，有仕女、仙人、佛像等，但雕法刻工十分突出。洪武至弘治年间的牙雕主要受宋元影响，发展比较缓慢，纹饰还留有宋元遗风。弘治之后，因各种雕刻工艺发展迅速，雕漆、竹刻等一些工艺手法及艺人也加入到象牙雕刻中，使象牙雕刻融入了这些工艺门类的风格特征，例如文房用具中的笔筒、臂搁、水丞之类与同时期的竹刻风格类似。

清代特别是清中期以后，象牙雕刻工艺达到了鼎盛阶段，无论是品种的多样，题材的丰富，还是雕刻技法的精纯与繁复，均达到了历史的最高峰。当时的牙雕产地主要有北京和广州两地。北京民间作坊和宫廷造办处牙雕，特别是宫廷作品，由于其特殊的使用或欣赏者，形成了其不惜工本、精雕细镂、重视磨工的特点，具有华丽、典雅、纤细的风格。广州地区的牙雕侧重于雕工，讲究漂白色彩的装饰，多以质白莹润、刀锋裸露、玲珑剔透见

图83　黄振效牙雕渔家乐图笔筒
清
高12厘米　口径9.7厘米
现藏北京故宫博物院

102
103

长，享有时誉，不仅进贡宫廷，也出口海外。

清代象牙制品用途更为广泛，有著名的象牙球、象牙雕花镜奁、象牙席、提篮、盒具、笔筒、臂搁、花插、香薰、鼻烟壶及各种圆雕人物、动物、瓜果等。技法上受竹刻影响很深，多采用深浅浮雕；同时与木刻、玉雕、漆雕等亦有很多相近的地方，体现了当时雕刻艺术高度发达，并相互影响，相互渗透的特点。涌现出一批牙雕名家，如广东的陈祖章、黄振效、萧汉振，浙江的施天章、顾彭年、杜士元、屠魁胜、关仲如、杨迁等。他们的作品得到了皇帝的推崇，有些还被恩准刻上了名款。著名的有黄振效的牙雕渔家乐图笔筒、牙雕云龙纹火镰套，李爵禄的牙雕如意纹小套盒，陈祖章父子、顾彭年、常存、肖汉振五人刻制的牙雕月曼清游册等。

【小辞典·象牙球】

中国象牙雕刻中的一种特殊工艺。球体从外到里，由大小数层空心球连续套成，外观看来只是一个球体，但层内有层，每层球均能自由转动，且具同一圆心。牙球里外每层套球均雕镂精美繁复的纹饰，雕刻难度极大。宋代已有，为三重套球。明人曹昭在《格古要论》中记："象牙对儿一个，中直通一窍，内车二重，皆可转动，谓之鬼工球。或云宋内院中作者。"清代这种技艺发展到高峰，到清乾隆时期达到十四层，清末时甚至达到二十余层。

9. 骨雕

骨雕是以各种动物骨骼为材料雕制成的工艺品和器物。早在万年前的山顶洞人就通过磨光、钻孔等工艺，加工制作出骨锥、骨凿、骨楔、骨针以及骨饰件等。新石器时代以后，骨器的制作日益扩大，加工技术提高，先民们已掌握了锯、钻、磨、镂、刻、抛光和镶嵌技艺，有的还能够应用线雕、浮雕、透雕甚至圆雕等技法进行美化、装饰。如山东泰安大汶口文化遗址出土的嵌

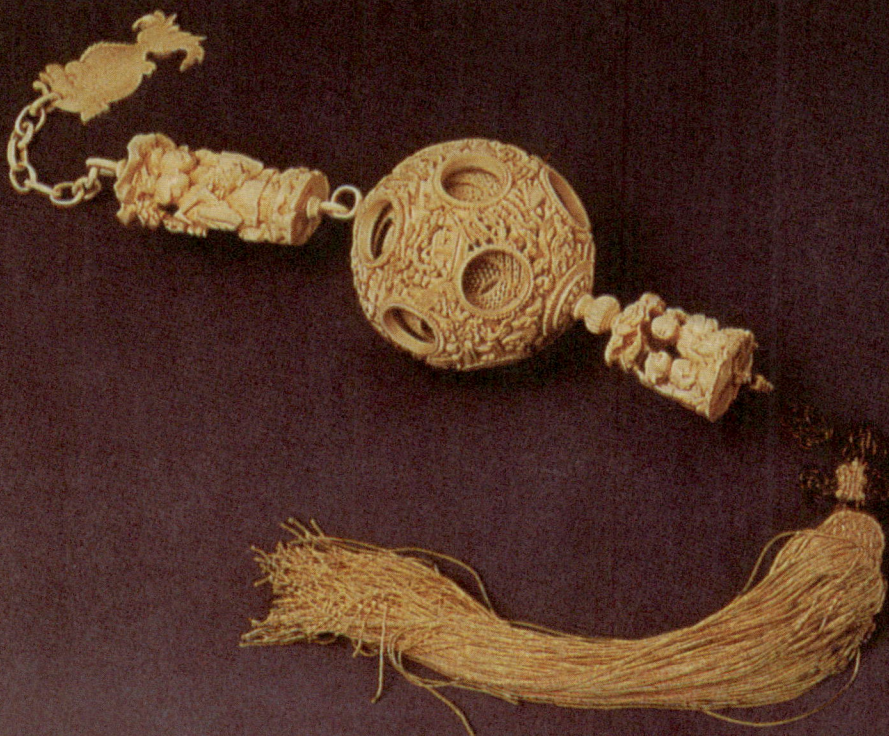

图84　象牙球
清
径10厘米　104
现藏北京故宫博物院　105

绿松石骨筒，用动物肢骨的一段做成内空，断面呈三角形，壁面光滑。上中下分别有三周弦纹带剔地突起，弦纹带之间各嵌圆形绿松石五枚。在另一侧的上部穿有小圆孔四个以便携带。装饰精美，十分难得。

商周时期，骨器应用范围日益扩大，涉及到生产工具、兵器、生活用品、装饰品等各个方面。生产工具有骨铲、骨耜、骨齿、骨锥等，兵器有骨镞、骨矛，生活用品有骨匕、骨针、骨刀、骨梳等，装饰品有骨管、骨珠、骨笄等。仅河南安阳殷墟妇好墓就出土骨器564件，用具有小刻刀、勺、匕和梳，武器有镞，装饰品有笄499件，造型有夔形头、鸟形头、方牌形头等，雕刻艺术品有人、虎、蛙和雕花骨片等。多是完整而少见的精品，造型生动，纹饰华丽。

商周之后，随着生产力水平的不断提高，骨雕逐渐衰退，骨制生产工具、生活用品已基本不用，装饰品也很少见，骨雕艺术品也不流行，偶有所见。如新疆吐鲁番交河沟墓地出土的鹿首形骨雕，用大牲畜的骨头雕刻而成。形象地雕出鹿的长脸及其五官，并在眉眼之间用凹状水滴纹和变形三角纹装饰。高耸的鹿角上镂孔圆形纹，并刻划丫形、弧形三角和凸状方格纹。在鹿头下颌处透钻一圆形系孔。雕刻纹条流畅，造型独特，构思新颖，是当时成熟骨雕刻品的代表。

10. 角雕

通常指犀角制品。犀角来源稀少，主要依靠进口，故十分珍贵。此外角雕中还有牛角、羚羊角和鹿角等。牛角用途广泛，民间较为流行，羚羊角多用作器柄、刀鞘之类，鹿角常用于家具。1978年湖北荆门市包山大冢中出土的一件战国牛角雕制品，角身透雕出三条大小不等、姿态各异、相互缠绕的虎首龙身兽，兽身刻有旋涡纹，喻示龙戏于水。构思巧妙，造型奇特，刀法细腻，是杰出的牛角雕作品。陕西长安出土的一件角篦，用动物角雕琢加工而成，呈半椭圆形，梳背两侧各浮雕牡丹花叶一簇，底饰线刻小方格纹，是少见的古代动物角器。

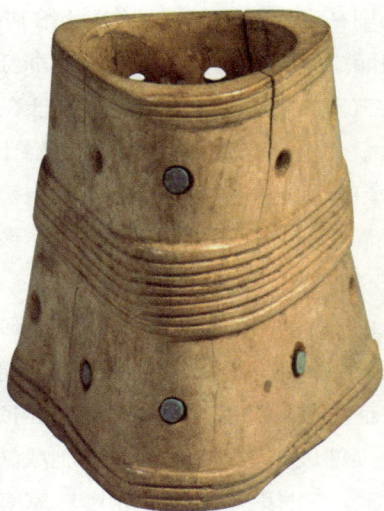

图85　嵌绿松石骨筒
新石器时代
高7.7厘米
1959年山东泰安大汶口文化遗址出土
现藏山东省博物馆

图86　雕花骨笄
商晚期
1976年河南安阳殷墟妇好墓出土
现藏中国国家博物馆

图87　鹿首形骨雕
汉
通长约11厘米
1994年新疆吐鲁番市交河沟墓地出土
现藏新疆维吾尔自治区考古所

犀角及以犀角制成的工艺品早在商周时期已被视作珍贵的物品。但宋以前的犀角器只见记载而少见到实物，只在1981年浙江诸暨董康祠及其妻周氏南宋嘉定元年（1208年）合葬墓中出土的一套文房用品中有犀角镇纸两件。此外，爱尔兰都柏林毕蒂爵士的小博物馆中，也有一件北宋徽宗年间刻制的犀角制品，上有徽宗的印款。从这有数的几件作品看，宋代的犀角制品刻工少，纹饰简单，造型幽雅，保持了宋代一贯的艺术特色。

明代开始流行犀角雕制品。由于犀角中含角质及碳酸钙、磷酸钙、酪氨酸等多种成分，是清热、解毒、定惊、止血的良药，可以醒酒，所以多制成酒杯、爵、壶。艺人们多利用犀角扁底尖顶的自然形态，将犀角倒置，截去尖部成平足，角内剔空，制成阔口、小足的角杯，杯上雕各式图案。这时期著名的犀角雕刻家有鲍天成、濮仲谦、尤通、尚均等。

鲍天成，吴县（今江苏苏州）人，是一位身兼多技的著名雕刻家。他能用犀角、象牙、各种硬木、香料等材料，雕刻奇巧精美的杯、盒、扇坠及发簪、印章之类，工细绝伦，与苏州的琢玉名手陆子刚齐名，在江南很负盛名。北京故宫博物院收藏有其刻制的犀角雕双螭纹执壶。

尤通，字雨源，江苏无锡人，清代曾入康熙内府。擅刻犀角杯，《酌泉录》说尤通"善雕刻犀、象、玉石玩器，精巧为三吴冠"。传少年时，他父亲从亲戚家借来一件雕刻精美的犀角杯观玩，尤通以一块犀角对之仿造。刻成后，颜色与原件稍异，于是以凤仙花捣烂敷在犀角上染色，逼肖真器。因他雕刻技巧高超，所刻作品受到人们的喜爱，当时人直呼其名为"尤犀杯"。故宫所藏犀角雕仙人差槎杯为其名作，造形奇特，最为清雅。

清代犀角仍被视为珍稀之物，在雕刻上与象牙、竹木、金石等没有严格的分工，许多擅雕犀角者都是技艺多能的高手，如明末清初的尤通、尚均及清中期的施天章、杜士元等。清代犀角雕作品造型上一般作杯式，纹饰主要有两种风格，一是具有很浓厚的竹木根高浮雕和圆雕的风格，二是仿古的风格。

采取竹木根形式高浮雕、圆雕风格的犀角作品，大部分是沿袭明代雕刻技巧，以吴门画派的山水、人物、花鸟为题材，有恬

图88　角篦
唐
长4.2厘米，宽2.4厘米
1990年陕西长安出土
现藏陕西省考古研究所

图89　鲍天成犀角雕双螭纹执壶
明
高13厘米
现藏北京故宫博物院

美宁静的田园生活，携琴访友、以文会友的文人情致，以及内容丰富的花鸟鱼虫题材。特别是有的犀角杯被刻成了花形或叶形，花叶与杯融为一体，既巧妙又生动。

仿古风格的犀角作品在清中期兴起。犀角本质古香古色，浑厚质朴，做仿古铜器的造型和花纹，有得天独厚之处，所以犀角雕刻在雍正、乾隆时出现的仿古铜器风格蔚为一时风尚。这类作品的纹饰图案既有古青铜器典型的蟠螭、兽面、几何纹，也有变化了的具写实性的云水、龙凤纹，在结构与形象的处理上都体现出了很强的传统风格。

存世的古代犀角器色泽深沉，褐中微泛红光，表面似有包浆，有光亮，而透过一些被虫蚀的洞孔发现，其内层黄淡，有明显的色层。这并非后世作伪，而是当时制作者为使犀角器形成古香之色，在成器以后再加染色，又经长时间把玩摩挲而成。至于犀角器的染色加工技术，文献中未见记载，现在已不得而知。

【小辞典·吴门画派】

明代绘画流派。此派画家均为苏州人，因苏州别名"吴门"而得名。以沈周、文徵明师徒为首，师从者甚众，著名的有文伯仁、文嘉、陈道复、陆治、王谷祥、钱穀等。此画派以画山水为胜，师法北宋与元人风格，重视文学修养，强调"画有士气"，注重文学意趣的表现，追求画面的笔墨效果，推动了文人画的发展。

图90　尤通犀角雕仙人差槎杯
明
高11.7厘米　长27厘米　宽8.7厘米
现藏北京故官博物院

图91　犀角雕兽面纹爵杯
清
高16.5厘米　足径7.6厘米
现藏北京故官博物院

三 金银器篇

黄金是人类最早开发的金属之一。中国至迟在距今3000年前的商代，就已经出现了黄金制品。早期的金银器均为小型的装饰品，或是人身上的佩饰，或是其他器物上的附属饰件。春秋战国时期出现了金银器皿，标志着金银工艺的一大发展。两汉时期，金银制品数量增多，品种增加，工艺也日趋成熟，走上了独立发展的道路。唐代金银器发展繁荣鼎盛，并形成了独立的民族风格。至明清时期，金银器与宝石、玉器相结合的镶嵌工艺盛行，造型愈趋多样化，纹饰繁缛富丽，制作工艺也更为精细复杂，通体透射着富丽堂皇的珠光宝气。相对而言艺术生命力有所削弱，但在集中表现金银器所象征的高贵与权势方面，却取得了惊人的成就。可以说，中国金银器是中国金银匠作在长期的生产实践中，融合各民族传统金属工艺精华，逐步摸索创造出的富有民族特色的工艺。

1. 金银特性

黄金，元素符号为Au，原子序数79，原子量196.9665。色黄纯正，极细粉末为黑色；耐腐蚀，既不与水和氧反应，也不与酸、碱作用，化学性质极为稳定。黄金的这一特性被中国古人归结为一句"真金不怕火炼"，并引伸用来讴歌一切真实、美好的事物或情感。黄金的延展性极佳，制成金箔，最薄可达万分之一毫米；一克黄金可拉成两公里长的金丝，非常适宜制作具有精细工艺要求的饰品和器皿，同时又适宜用于对其他质地的器物表面进行装饰。

黄金在自然界中的分布极其广泛，不仅存在于地球上，也广泛存在于地球表面的水圈、生物圈和大气圈中。科学家们还探测出巨蟹座中一颗恒星的表面存在多达一千亿吨的黄金，只是大气和外星球上的黄金目前还无法为人类所利用。金在地壳中含量稀少，且分布很散，多以游离状态存在，呈肉眼看不到的颗粒状，块状黄金极其罕见。往往一吨矿石，只含几克或十几克金，一立方米矿砂含金零点几克，就已经具备开采价值。由于开采难度和其他主观和客观因素的制约，人类所开采的黄金总量相对于其他

图92 金筐宝钿团花纹金杯
唐
通高5.9厘米　口径6.8厘米
1970年陕西西安南郊何家村出土
现藏陕西历史博物馆

图93 自然金

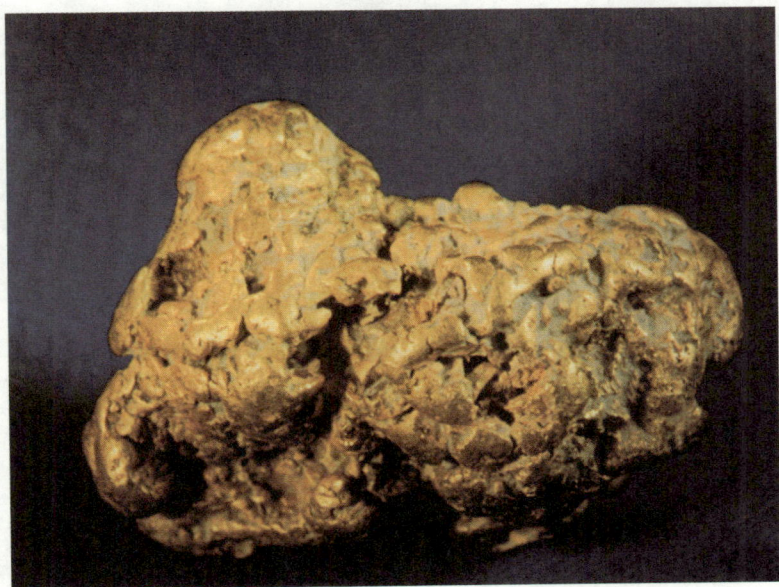

金属来说很少，堪称金属中的稀罕品种。

在我国，黄金一般分为山金和砂金。山金也叫脉金，主要存在于石英矿脉中。含金的岩石经风化和侵蚀，被分离出来，和其他泥沙一起流入河中，金比泥沙重很多，会沉积下来，就是砂金。被人类发现较早的应是砂金，依其形而名之为麸金、瓜子金、豆瓣金等，名目繁多，不一而足。在先秦古籍《山海经》中已有对黄金的描述："五色金也，黄为之长，久薶不生衣，百炼不轻，从革不违。"说明"金"只是各种含金矿物的统称。事实上金矿确可细分为黄金、赤金、白金三种。因为黄金为较纯的金矿，所以"为之长"，是金矿开采的首选，而金矿中含有银、铜的就分别称为白金、赤金。

银，元素符号为Ag，原子序数47，原子量107.868。色泽白亮，故称"白银"。凡金具有的特点，如延展性好、耐氧化腐蚀等，白银都具备。不仅如此，白银在所有金属中导电、耐热性能最佳，对可见光的反射性最强，化学性质也最活泼。银在自然界中呈单质状态的很少，多以硫化物状态伴生于其他有色金属矿石中，含量仅为铁的五百万分之一，但仍较黄金为多，故珍贵程度也逊于黄金。

2. 金银工艺

中国古代制作金银器，工艺繁杂，主要有范铸、锤鍱、焊接、錾刻、编累、掐丝、鎏金、错金、焊缀金珠等技法。这些技法，有的来自青铜工艺，有的是金器制作的独创。

范铸　金的熔点为1064.43 ℃，在液态情况下流动性较好，冷凝时间也较长，故浇铸温度可略低于铜等金属，容易制作精细的作品。将金熔化为汁液，采用范模浇铸而成的器物与青铜器铸造方法基本相同。在青铜器铸造业高度发展的先秦时代，金器的铸造技术并无困难。从考古发掘来看，北京平谷刘家河商墓出土的金笄，从器形大小和断面观察，当为冶铸而成，它是我国现知最早的黄金铸件，证实了我国早在三千多年以前，就已经掌握了熔金铸器的技术。

图94 自然银 116
117

锤鍱　古代金银细工传统工艺技法之一，也是金银细工工艺的基本技法之一，是金银器成型的主要方法。它利用金、银极富延展性的特点，以锤敲打金、银块，使之延伸展开呈片状，再按要求打造成各种器型和纹饰。一般来说，凡隐起的器物和纹饰图案，往往是经过锤鍱制成的。锤鍱技术耗材少，利于制作薄胎器，但却易于变形。早在商周时期，我国已采用锤鍱技术制作金器，各地商周墓出土的各种耳环、臂钏等金饰，大都系以此法制成。唐代金银锤鍱技术中的许多工艺和方法主要来源于波斯、中亚和拜占庭。这一方法至今仍然沿用。

焊接　主要是用穿孔贯钉、锤实拉紧的办法把器物的一些功能性附件，如器物的子母口、环柄、钮、链条、铰链、搭扣和提梁等和器物主体固定在一起，使之成为一个整体。青铜器上的分铸焊接的方法在春秋战国时已很通用，在金银器上出现较晚。1979年山东淄博西汉初期古墓葬坑出土的凸瓣纹豆形器，其足与器底、盖与三铜牺即是铆接而成的。

錾刻　金器锤鍱成型后，錾刻一直作为细部加工手段而使用，也运用在铸造器物的表面刻画上，多施用于花纹。工艺较复杂，且要用诸多工具，以便錾刻不同要求的花纹。錾刻技术产生出丰富多彩的艺术效果，有时为平面雕刻，有时花纹凹凸呈浮雕状，可在器物的表里同时使用。

编累　可分为平面、立体两种编累方式。平面编累是用细如发丝的金银丝，经盘曲、累积和焊接，组合成各色图案；立体编累制作，须事先用炭末粉调和白芨草粘液，塑成各种人物或鸟兽形象，上面用金银丝盘曲、编累，用焊药焊牢固定，置于火中，将里面的炭模烧掉，成为立体中空，剔透玲珑的金饰品。

掐丝　古代制作金器的技法之一。做法是将捶打成极薄的金片，剪成细条，慢慢扭搓成丝，可以单股，也可以多股。另有一种做法称拔丝，是通过拔丝板的锥形细孔，将金料挤压而入，从下面的小孔将丝抽出，较粗的丝也可直接捶打而成。从先秦的出土物来看，山西保德林遮峪商墓出金丝装饰品六根，说明商代已能将黄金加工成细丝了。用金丝掐成一定的纹样，然后焊固于器物的表面，便成为一种极好的装饰。

图95　掐丝金龙
东汉
高1.2厘米　残长4.2厘米。重26克
1969年河北定州北陵头村汉墓出土
现藏定州市博物馆

图96　金丝编项链
东汉
周长19.4厘米　重12.8克
1959年湖南长沙李家老屋出土
现藏湖南省博物馆

鎏金　按现代说法又叫火镀金、烧金或汞镀金。鎏金器物，先秦时期的古墓已有出土，但见于古文献则较晚。其作法是将纯金和汞按一定比例混合成金汞，俗称金泥，涂抹在器物上，然后在火中烘烤，汞遇热蒸发，金留存于器表。鎏金工艺的最大特点是鎏金层极薄，而且紧密，看不出刻意装饰，金的化学稳定性好，不受氧化，不与酸、碱发生反应，加热时也不变色，使器物华丽美观。

错金　用金属细条或丝镶嵌器物，古称为错。商代时已有用红铜镶嵌青铜器的，至东周出现金错铜器，就是在铸造的铜器上用金丝或金片镶嵌成各种华丽秀美的纹饰或文字，然后用错石（应作厝石）在器表磨错光平。这是春秋战国时期青铜和金器工艺方面出现的新技术，其艺术特征是用隐嵌的技法，形成金线图案或文字，改变以前铜器模铸纹饰的呆板和拘束，突破传统的图形表象对称格式，出现了许多故事题材的片断描写，内容丰富活泼。

焊缀金珠　首先是把金片剪成线，切成段，加热后熔聚成粒，颗粒较小时，自然浑圆，颗粒较大时需要在两块木板间碾研。还可以将金银丝加热，用吹管吹向端点，受热熔化而落下圆珠，有时无需吹落，使圆珠凝结在金银丝的一端备用。也可采用熔珠的独特技法。所谓"熔珠"法，又称之为"炸珠"或"吹珠"法，系将黄金溶液滴入温水中，使之凝结成大小不等的金珠的方法。制成的金珠可焊、可粘，利用价值很高。金珠焊接在器物上作装饰，其方法是先用白芨等粘着剂暂时固定位置，然后撒点焊药，经加热熔化焊药，冷却后达到焊接目的。焊药的主要成分一般与被焊物相同，用硼砂、金粉、银粉按比例混合而成。焊后浑然一体，高超的焊技几乎看不出焊接的痕迹。两汉金器上装饰性很强的鱼子纹或联珠纹，大都是以金珠焊粘而成的。

3．中国最早的金器

迄今所见中国古代先民最早使用黄金的实例，出现于新石器时代晚期的龙山文化时期。河南汤阴龙山文化遗址中出土过一

图97 王冠形金饰
东汉
高1.8厘米 直径2.4厘米 重2克
1981年江苏扬州邗江广陵王刘荆墓出土
现藏南京博物院

图98 鎏金仰莲荷叶纹银碗
唐
通高8厘米 口径16厘米 足径11.2厘米
重223克
1987年陕西扶风法门寺地宫出土
现藏法门寺博物馆

块夹含自然金块的陶片，但此时尚不知如何制造金银器。约至夏代，先民初步掌握了金属的冶炼、成型技术，金器才得以萌现。甘肃一带，年代相当于夏代的四坝文化遗址中出土的几件金器可作证明。例如甘肃玉门火烧沟墓地出土的金耳环和金鼻饮、银鼻饮，民乐东灰山遗址东北部墓地出土的椭圆形金耳饰。

夏代金器只是极个别的例子，直到商代才开始有了一定范围的分布。河南、河北、北京、山西等地的商代遗址和墓葬之中均出土有金器，如河南郑州商代遗址、辉县琉璃阁商墓、安阳殷墟，河北藁城台西商墓，山东益都苏埠屯商墓，北京平谷刘家河商墓，山西石楼后兰家沟商墓，四川广汉三星堆遗址，金沙遗址等，足见商代金器已有较为广泛的使用。

商代金器的种类主要有：一、包贴于其他质料物品上作为附属性装饰的金片、金箔、金叶，如河南郑州商城出土的金叶，压印清晰的夔龙纹；河北藁城台西商墓出土的半圆形金饰，刻划有云雷纹。二、人身佩挂的纯金首饰，如北京平谷刘家河商墓出土的两件金钏、金环、金笄，山西石楼县后兰家沟出土的3件金珥形饰品。三、具有宗教意义的饰件，如四川三星堆遗址出土的包金面具、虎形金饰等。

西周金器的出土地域大致与商代相同，在河南、河北、北京、山西等地的西周遗址和墓葬之中均有出土。如河南浚县辛村西周墓出土的金片、包金铜器，三门峡虢国墓地出土的三角龙形、兽首形、圆形环、方形环金带饰及盾牌缀饰，河北迁安小山东庄西周早期墓出土的金耳环、金臂钏，天津蓟县张家园西周墓出土的金耳环，辽宁朝阳魏营子西周墓出土的金臂钏，山西曲沃北赵村晋侯墓地出土的两组分别为15件和6件的金腰带饰，甘肃礼县大堡子西周晚期秦人墓出土的云纹圭形、兽面纹盾形、窃曲形、虎形、鸱枭形金饰片等。从出土遗物来看，西周延续了商代使用金饰的观念，西周金器仍是各种饰件。

商周时期对黄金的性能已有一定认识熟悉，采用范铸、锤鲽等工艺制作金器。北京平谷刘家河商墓出土的金笄为范铸而成，金臂钏和金耳环似用锤鲽法制成。河南安阳大司空村出土的商代金片厚仅0.01毫米+0.001毫米，锤鲽而成，又经过淬火处理。四

图99　金笄
商
长27.7厘米　重108.7克
1977年北京平谷县刘家河商墓出土
现藏北京市文物研究所

图100　三角龙形金带饰
西周
高1.65厘米　底边长4.7厘米
1990年河南三门峡虢国墓地出土
现藏河南省文物文物考古研究所

图101　金臂钏
商
直径12.6厘米　重93.7克
1977年北京平谷县刘家河商墓出土
现藏中国国家博物馆

川广汉三星堆出土的包金杖上錾刻有细腻精美的花纹，表明当时除了铸造与锤鍱技术外，錾刻技艺也已出现。

【小辞典·金箔】

用黄金锤成的薄片。常用以贴饰器物、佛像，也是髹漆工艺的一种材料，也有用作衣饰的。元、明、清时期，金箔主要用于建筑装饰。现今中国生产金箔的地区主要有南京、苏州、福州、汕头和绍兴等地。河北藁城商代中期遗址和河南安阳殷墟都有金箔出土。

4. 三星堆金器

1986年发现的四川广汉三星堆遗址，虽年代大致与中原地区的商王朝晚期相当，但出土的丰富文物展示出不同于中原地区的独立文化体系，被称为三星堆文化。三星堆出土的金器以品类奇谲、精湛绝伦著称于世，主要有金杖、金面罩、金虎形饰等。

金杖原为一杆金皮木芯铜龙首杖，由于中间的木芯早已朽烂无存，出土时已压扁弯曲变形，外面用黄金皮包卷而成。金杖上端平雕三组图案，分别由人面、双鱼、双鸟及勾云纹等构成，明显具有宗教象征意味。其中人头戴冠，大眼阔嘴，耳垂部饰有三角形耳坠，鸟纹、鱼纹均为两背相对，鸟的颈部和鱼的头部各压有一穗形叶柄。饰图较为复杂，具有独特的文化内涵和宗教寓意，为中原殷商文化中所不见，具有十分显著的地方色彩。

三星堆共出土有四件戴有金面罩的青铜像。青铜像以双目凸出为特征，大小与真人头相仿，有圆头顶和平头顶之分。金面罩用金箔制成，眉眼部位均镂空，使两只铜眼暴露在外，用大漆（土漆）和石灰作粘合剂，将金面罩粘贴于铜头像上。其形态同史籍里描绘的代表驱鬼的"黄金四目"的方相氏在外观形态上有几分相似。

金虎形饰以金皮模压而成。虎身细长，腰背部下陷，呈凹状。头大，并向上昂起，眼镂空，张口，大耳。前足伸出，后足作

图102　金杖
商晚期
长142厘米
1986年四川广汉三星堆出土
现藏广汉三星堆博物馆

图103　戴金面罩青铜像
商晚期
1986年四川广汉三星堆出土
现藏广汉三星堆博物馆

蹲踞状，虎尾粗大上卷。整个造型动态十足，通体压印着"目"形斑纹，线条极为粗犷。尽管商代中原地区也十分流行用金箔或极薄金片制作的各类金饰，但在造型和纹饰上都不能与此金虎形饰相提并论。

概观三星堆祭祀坑出土的金饰，工艺十分精湛，而且被赋予了高度的政治、宗教意义，不同于其他地区出土的作品。从这些金饰本身所蕴含的浓烈的域外因素，不难感知殷商对西南控制能力的疲弱，从而深刻体察到中国早期金银工艺发展的多元性和不平衡性。

5. 金沙金器

2001年发现的四川成都金沙遗址，年代为商代晚期至西周时期，是三星堆文明衰落之后兴盛起来的古蜀王国的都邑遗址。出土金器、铜器、玉器、石器等珍贵文物5000余件，象牙数百根，以及数以百万计的陶器和陶片。

出土金器200余件，是中国先秦时期出土金器数量和种类最多的遗址。有太阳神鸟金箔、金面具、金带、蛙形金箔、鱼纹金箔、金喇叭形器、金盒形器、鱼形金箔等，多是贴于其他象征尊贵器物上的附件。其中以太阳神鸟金箔、金冠带、金面具最有代表性，其制作工艺达到了很高的水平。

太阳神鸟金箔饰镂空图案，类似现代剪纸作品，可分为内外两层。内层图案中心为一镂空的圆圈，周围有十二道等距离分布的象牙状的弧形旋转芒，呈顺时针旋转的齿状排列。外层图案是四只逆向飞行的神鸟，引颈伸腿，展翅飞翔，首足前后相接，围绕在内层图案周围，排列均匀对称。整幅图案线条简练流畅，极富韵律，充满强烈的动感，好似一个神奇的漩涡，又好像是旋转的云气或是空中光芒四射的太阳，富有极强的象征意义和极大的想象空间。目前，对此图案的解释是《三海经·大荒经》中太阳神帝俊的记载："帝俊生中容……使四鸟。"旋转的火球是太阳神，围绕着它的四只鸟是太阳神的四个使者，代表东、西、南、北四方。经检测，使用自然砂金制作，含金量达到94.2%。在工艺上采用了

图104　太阳神鸟金箔
商
外径12.5厘米　内径5.29厘米　厚0.02厘米
2001年四川金沙遗址出土
现藏金沙遗址博物馆

图105　金冠带
商
长约62厘米　宽约3厘米　厚0.02厘米　重44克
2001年四川金沙遗址出土
现藏金沙遗址博物馆

娴熟精湛的锤鍱、切割、打磨、雕刻、镂空、抛光等多种技术，制作工艺达到了同时期金器加工的最高水平，镂空纹饰可能是使用了相应的模具精心切割而成。

金冠带呈圆圈形，宽度较窄，其直径略呈上宽下窄，出土时断裂为长条形。制作工艺与同时出土的其他金器一样，系锤鍱成形，并采用錾刻等手法，在金冠带的表面刻画了构思奇妙、寓意丰富的图案。图案有四组，内容相同，由鸟、鱼、箭、人头组合而成，与广汉三星堆一号坑出土的金杖上的图案几乎相同。

金沙遗址金器造型生动，表现出高超的工艺技术和非凡的艺术想象力。总体风格与三星堆祭祀坑出土的器物相一致，表明与三星堆有着较为密切的渊源关系，但也有较强的自身特色。金沙遗址与三星堆遗址大批金器的同时出土，说明黄金制品在古蜀文化中具有极高、极优越的地位，是尊贵的象征，地位甚至超过了青铜器。

6. 春秋战国金银器

春秋战国时期，金器的使用成为普遍现象，分布区域明显扩大，而银器也开始初露锋芒，使用日益增多。例如陕西宝鸡益门村二号春秋晚期墓出土104件金器；陕西凤翔春秋出土金乌、金兽、金带钩；河南辉县固围村战国墓出土银车马器、银带钩；河南辉县琉璃阁春秋晚期墓与山东沂水刘家店子春秋中期墓出土金剑柄；山东临沂商王村战国墓出土银盘、匜、耳杯、勺、匕和金耳坠等12件金银器；山东曲阜战国墓出土银带钩、猿形饰和金带饰；河北平山中山王墓出土马车上的金衡饰、银带钩、银俑灯；苏涟水三里墩出土战国兽形金带钩、银匜；湖北随县曾侯乙墓出土金盏、金杯、带盖金鼎等；浙江绍兴306号战国初期墓出土玉耳金舟；山东淄博齐王墓随葬坑出土3件鎏金银盘；安徽、河南、湖北、江苏等地大量出土的"郢爰"为代表的楚国金版；新疆、内蒙出土大量的以草原动物形象为主体的匈奴文化系统金饰等。

春秋战国金银器出土地域广泛，但主要集中在以秦国为主体的西北区、以匈奴为代表的北方部族区、以荆楚为主体的长江流

图106 水禽形金带钩
春秋
上高1.8厘米　下高1.5厘米
1992年陕西宝鸡益门村2号墓出土
现藏宝鸡市考古工作队

域以及东边濒海的齐鲁故地。不同地区金银器风格有所差异。西北和北方草原地区的金银物品主要是人身装饰品，最常见的有耳环、臂钏、项圈、发笄、带钩、动物形金饰等，也有一些马具饰品，流行各种动物造型和纹饰，具有游牧民族特点，制作手法丰富多样。南方楚地由于盛产黄金，成为当时黄金流通最盛行的地区，金银器皿也最先在这一地区出现，金银器不再只是装饰品，而开始具有了实用功能。中原地区的金银仍多用作铜、铁、漆、玉石器及建筑上的装饰，纹饰仍以同时期青铜器上流行的纹饰为主，如蟠螭纹。

春秋战国金银器的制作采用了多种工艺。一方面仍借鉴青铜器铸造工艺，中原与东南地区出土的器皿、带钩等，一般采用范铸法制成，部分器物如现藏故宫博物院的楚王银匜，其平底无足的形制，与春秋战国时期长江流域青铜匜的演变特征完全符合，甚至湖北随县曾侯乙墓出土的金盏口沿及盏盖顶部所饰精致细密的蟠螭纹、绚纹及云雷纹，也与春秋晚期青铜器纹饰所追求的风尚一致。另一方面，锤鍱、掐丝、编累、镶嵌、錾刻、鎏金银、金银错等金细工艺中的所有技术几乎都已具备，使得金银工艺得以在更广阔的领域中以更多样化的形式发挥其独特的审美功能。

【小辞典·带钩】

束在腰间皮带上的钩。原为"胡服"所用，春秋战国时期由鲜卑族传入中原，盛行于战国至汉代，魏晋时期仍沿用。一端曲首，背有圆钮，形式很多，常见的有棒形、竹节形、琴面形、圆形、兽形等。材质有青铜、铁、金、玉。有的镶玉、鎏金、嵌绿松石或加错金银。

7. 秦汉金银器

秦汉时期，金银开采业有了重大发展，金银制造业也发展迅速，除了官营外，豪富之家也开始私自制作。各地发现的秦汉墓葬中几乎都有金银器出土，数量大大超过前代，应用范围也不断

图107　带盖金盏
战国
口径15.1厘米　高10.7厘米
1978年湖北随县曾侯乙墓出土
现藏湖北省博物馆

图108　金双虎
战国
雌虎长12厘米　高5.6厘米厘米
雄虎长12.2厘米　高5.7厘米
1957年陕西神木纳林高兔出土
现藏神木县文化馆

扩大。种类计有货币、印玺、带钩、带扣、牌饰、项链、耳坠、医疗器具、生活器皿（包括盆、盒、铛等）、车马器、玉衣丝缕、银女俑、金豹、金灶模型等，涉及到了社会生活的许多方面。

秦汉时期还继续沿用先秦时期将金银饰通过包镶、镀、错等工艺手段装饰于铜器和铁器的做法，并发展了将金银制成金箔或金泥用于建筑构件与日用器具作为附饰的手法，以增强富丽感。如河北满城西汉中山靖王刘胜夫妇墓出土龙凤纹银铺首，其形制之大、用料之多乃至制作之精，都是汉代贵金属饰品中仅见的。

秦汉金银器主要制作技术已经发展到相当成熟的阶段，并逐渐摆脱了青铜工艺的传统技术的束缚，走向了独立发展的道路。在成型方面，汉代多采用锤鍱、焊接技术，而极少采用范铸法。在图案花纹加工方面，往往在锤打成立雕或浅浮雕后，再加以镌刻，而先秦时期金银器上的纹饰则简约得多，且多为压印或铸造而成。拉金成丝技法娴熟，河北满城西汉中山靖王刘胜墓出土的金缕玉衣，金丝很纤细，一般长4~5厘米，可见一斑。采用掐丝技艺的金银器发现较多，例如河北定县陵头村东汉刘畅墓出土的掐丝龙形金饰片、掐丝金龙、掐丝金辟邪、掐丝金羊群等。掐丝工艺还常与焊缀金珠和镶嵌工艺同时使用，如刘畅墓掐丝金辟邪，以錾有流云纹的金片衬底，上用金丝掐出辟邪身体及两侧的羽翼纹样，然后再焊缀金粟粒，镶嵌绿松石、红宝石，辟邪双目也嵌饰绿松石或红宝石，显得气势生动，角、尾全用金丝缠绕而成。

汉代银质器皿在制作技艺上较战国时期有明显提高。如河北获鹿县西汉墓出土的大型银盆，作扁圆形体，通体光素无华，色白如新，器壁较薄，棱角分明，当非铸造，应系锤鍱而成。从圆滑平夷的表面来看，似乎采用了抛光技术。纯净的自然银容易抛光，具有很高的光洁度，但是抛光后常遗留擦痕，而获鹿出土的这件西汉银盆光亮照人，崭新程度犹如现代制品，不能不令人啧啧称奇。

随着丝绸之路的打通和海上交流的频繁，西方金细工艺初染中土，为后来唐宋金银器高度发展打下了基础。例如1979年山东临淄西汉齐王墓出土的银盒，盒身外壁和器盖上饰有凸形花瓣

图109　龙凤纹银铺首
西汉
通长19厘米　铺首宽14.9厘米　环长12.9厘米
重425克
1968年河北满城中山靖王刘胜墓出土
现藏河北省博物馆

图110　银盒
西汉
通高11厘米　足径6.2厘米　口径11.4厘米
1979年山东临淄西汉齐王墓出土
现藏淄博市博物馆

纹。凸形花瓣纹在内地出土的文物上极其罕见，但在波斯阿契米尼王朝及后来的安息王朝的用器上却非常盛行，可证临淄西汉齐王墓银盒上的这种纹饰是传播自古伊朗地区的。类似的器物在广州西汉南越王墓中也有出土，足见当时经海上交通所发生的中外金银工艺的交流已经存在。

中国金银器也曾伴随着丝织品输出，对域外金银器的发展也产生了一定影响。如1939年在哈萨克斯坦阿拉木图附近的卡鲁路伊溪谷，发现的仙人骑兽镂空镶嵌金带，其图案装饰具有典型的中土汉代风格。

8. 匈奴金银器

战国秦汉时期，西北和北方地区各游牧民族如匈奴、月氏、乌孙等经常迁徙，相互杂处，使用的金银器种类复杂，很难全部准确分辨其族属，但大体可归入匈奴部族。匈奴的早期活动地域位于大漠以南的鄂尔多斯、河套及阴山地带，而鄂尔多斯及其周围地区则是匈奴部族形成和发展的中心地区。由于匈奴族盛行铸造和使用以动物纹为装饰特征的青铜艺术品，且因这类青铜器以鄂尔多斯的发现最为著名，故通常被称之为"鄂尔多斯式青铜器"，早期的匈奴文化也被称之为"鄂尔多斯文化"。

内蒙古杭锦旗阿鲁柴登、准格尔旗西沟畔、东胜市碾房渠、陕西神木纳林高兔等地都发现有匈奴族墓葬。杭锦旗阿鲁柴登出土了迄今最为珍贵的匈奴王遗物。其中金器218件，银器5件。金器品种极为丰富，有鹰形金冠顶、金冠带、长方饰牌、虎形饰片、羊形饰片、刺猬形饰件、鸟形饰片、鸟纹圆扣、金带扣、金串珠、金锁链、金项圈及金耳坠等，共重四千余克。准格尔旗西沟畔2号匈奴墓出土的金银器有金项圈、金耳坠、金指套、鹿纹金饰片、虎豕咬斗纹金饰牌、卧马纹银饰片、虎头形银带钩。陕西神木纳林高兔战国晚期匈奴墓出土了金鹿形怪兽、金虎、银虎、银鹿、银环、透雕花虫银饰片以及错金银柄等。哲里木盟匈奴墓出土有胡人驯兽金牌饰、人面纹金牌饰等，通辽科左中旗出土有异兽金牌饰、三鹿金牌饰、双马金牌饰、双羊金牌饰等。

图111　掐丝镶嵌金辟邪
东汉
长3.9厘米　高3.1厘米　底座长5.5厘米　宽1.6厘米
重8.4克
1969年河北定县陵头村东汉刘畅墓出土
现藏定州市博物馆

图112　鹰形金冠饰
战国
冠顶高7.3厘米　冠带长30厘米　周长60厘米
1972年内蒙古杭锦旗阿鲁柴登匈奴墓出土
现藏内蒙古自治区博物馆

从匈奴墓出土的随葬金银器看，匈奴金银器的种类多是各种装饰品，如带扣、带钩、冠饰、牌饰、片饰、项圈、耳坠等，金银虎头、金泡、节约等马饰也较常见，体现了游牧民族对马的重视。

匈奴金银器的装饰内容与"鄂尔多斯式青铜器"的装饰内容全然一致，同样为各种题材的动物纹，有虎、狼、鹿、牛、马、野猪、羊、怪兽及多种咬斗纹，弥漫着一股浓郁的草原气氛。以动物咬斗为母题的金饰，明显具有斯基泰风格，一般表现大型肉食动物与植食动物之间的缠咬争斗场面，画面多情景交融，栩栩如生，仿佛要把人们带到北方大草原那种特有的场景之中，堪称匈奴金银器装饰艺术中最引人入胜的情节。如内蒙古阿鲁柴登匈奴墓出土四件金带扣，正面皆饰有虎、牛咬斗图案。画面中，牛居中间，四肢平伸，身体平卧，四只猛虎两两相对地咬住牛的颈部及腹部。牛虽被猛虎扑杀于地，但仍以锐利的牛角刺穿虎的耳朵，表现出顽强的反抗精神。

匈奴金银器制作方法包括范铸、圆雕、透雕、浮雕、锤鍱、镂镂、抽丝、编累、掐丝、镶嵌等，几乎使用了金细工艺中一切技术，而且一件作品往往结合了多种工艺。如内蒙古阿鲁柴登匈奴墓出土的鹰形金冠饰，饰以各种野生动物形象，具体制作工艺涵括了范铸、圆雕、浮雕、锤鍱、镂镂、抽丝、镶嵌等多种工艺，例如冠顶傲立的雄鹰采用圆雕工艺塑造成型，鹰的头部和颈部镶嵌有绿松石，冠座及冠箍上的各种动物形象浮雕而出，足堪为战国时期匈奴王室金细工艺的卓越代表。

【名家点金】

两兽咬斗是匈奴等草原游牧民族喜爱的纹饰。秦国所制金饰片虽采用了这种纹饰，但在两兽咬斗的处理上却与匈奴制品不同。匈奴制品所饰图案，虎兽相对，虎咬异兽前肢，异兽咬虎颈项，而秦国所制饰件，猎取两兽相互咬后肢的场面并以绳纹作框栏。在形象刻划方面，匈奴饰件图案是静止的、装饰的，而秦国饰件图案则是动态的、写实的。

——文物鉴定家　杨伯达

图113　鹿形金怪兽
战国
通长11厘米　高11.5厘米　重259克
1957年陕西神木纳林高兔出土
现藏神木县文化馆

图114　双羊金牌饰
东汉
长9.5厘米　宽7厘米
1983年内蒙古呼和浩特东郊出土
现藏呼和浩特市文物处

9. 滇国金银器

"滇"是我国西南边疆少数民族建立的古王国，主要位于以滇池为中心的云南省中部及东部地区。出现的时间不晚于战国初期，战国末至西汉早期为其鼎盛时期，西汉中期以后开始衰落，至东汉以后已完全消失。滇国有灿烂的文化，晋宁石寨山、江川李家山等地发现的丰富的滇国遗物即是证明。

滇国拥有相当丰富的黄金制品，种类主要为兵器、饰件。金制兵器主要有金剑鞘和金臂甲两种，金饰包括首饰、佩饰及器物附饰，其品类之丰富，远非兵器可比。

金剑鞘大多出自规模较大、随葬品众多的大墓中，附于铜柄铁剑和铁剑剑鞘的外表，内侧则为漆、木制品。此类金剑鞘打制甚薄，多用模压的方法将其表面压出各种花纹，如回纹、双旋纹、三角形齿纹、绳纹、圆圈纹及人字纹等几何形图案，也有蛇纹和牛头纹等具象花纹。根据形制又可分为镂空纹金剑鞘、回纹金剑鞘与牛头纹金刻剑鞘三种，其中以牛头纹金剑鞘数量最多。

金臂甲出土不多，应为滇国贵族所用，既为防护用具，也有一定的装饰作用。其中一件由两块相同的半圆形金片组成，亦可对合成圆筒状，上大下小，呈喇叭形，边沿有对称的穿孔及刻划纹。

金首饰有发簪、发针、项饰及手镯等。金佩饰主要是缝缀在衣面的饰品，故边沿均有数量不等的穿孔，其中如圆形金饰与钺形金饰均用薄金片打制而成，有的正中镶嵌绿松石珠一粒，有的用压印圆点纹组成花瓣纹，边沿均有穿孔；兽形金饰器形相近，大小不一，有的似长角鹿，有的似虎或马，两片对称使用，边沿亦有穿孔；另有剪形金饰、块形金饰、旋纹金饰及金钮扣、金花、金珠等。金器物附饰主要有打制极薄的金箍，表面刻有简单花纹，镶嵌在漆奁的器盖和腰部。

滇国墓地出土的银器除马饰中的银泡钉外，另有错金银饰片、镶嵌错金银带扣及漆器上的银箍、银花等。错金银饰片似作衣饰或其他器物上的附饰，银片顶端、中央均有穿孔。镶嵌错金

图115　金剑鞘
西汉
长49~52.5厘米
1956年云南晋宁石寨山出土
现藏云南省文物考古研究所

图116　鎏金双人盘舞扣饰
西汉
长19厘米　宽13厘米
1956年云南晋宁石寨山出土
现藏云南省博物馆

银带扣出于石寨山7号墓，整体作盾牌形，有齿舌，与现代皮带环相似。带扣正面有突起的花纹，装饰有翅膀的老虎，背后有山石和云雾，虎之两眼镶嵌黄色透明琉璃珠，全身错金片及嵌绿松石小珠，虎身之边沿有钉眼，原来显然是钉在皮带上，或系于人的腰际，或作为马的腹带使用。其器形奇特，装饰华丽，为中原汉文化中所未见。

此外，令人瞩目的是晋宁石寨山出土的一枚金印，方形，蛇钮，昂首盘曲，身有鳞纹。錾白文篆书"滇王之印"四字。证明了《史记·西南夷传》所载"赐滇王王印"的记述，是研究云南历史和当时民族关系的重要文物。

10. 魏晋南北朝金银器

魏晋南北朝时期，由于战乱带来的流民的迁徙以及各族人民的融合，使得金银器的社会功能有了进一步扩大，加工技艺也更趋成熟，具有中原文化特色与北方鲜卑游牧民族特点的金银器愈加频繁地出现在人们的生活视野中。同时，丝绸之路地位的突出，使得西方金银器得以大量涌入中国，对中国金银工艺如金银器的造型、装饰等也产生了深刻的影响。

魏晋南北朝时期的金银容器罕有出土，所见仅有湖北鄂州西山出土的一件三国时期的贴金云纹银唾壶，江苏南京东晋高悝墓出土的鎏金带盖银鼎，山西大同小站村花圪塔台北魏墓、宁夏固原北魏墓出土的银耳杯，大同北魏城址出土的八瓣花形银洗、胡人像银碗、鎏金银杯，河北定县北魏塔基内出土的银净瓶，河北赞皇邢郭村东魏李希宗墓出土的莲花纹银碗等。

魏晋南北朝时期的金银器大都是些小型器件，且多数是首饰或服饰，如蝉形金珰、簪、钗、耳环、耳坠、指环、镯、钏，作桃形、圆形、花瓣形的各种金片，作狮、羊、辟邪、鸟、龟等动物形象的金饰，以及金铃、银铃、金珠、金篮等。造型大都简练，可见金银饰品发展到魏晋，已经一改汉代金饰繁缛复杂的细工，而越发简朴起来，反映了六朝人崇尚自然的审美追求。

除了花样繁多的各种美化人体的金银饰件外，魏晋南北朝时

图117 "滇王之印"金印
西汉
高1.8厘米 边长2.4厘米 重89.5克
1956年云南晋宁石寨山6号墓出土
现藏中国国家博物馆

图118 贴金云纹银唾壶
三国·吴
高7.5厘米 口径5.9厘米 底径5.6厘米 重460克
1978年湖北鄂州西山出土
现藏鄂州市博物馆

期的墓葬中还出土了银泡、鎏金铜泡、银铜铋合金小钉，皆当为马具无疑。值得一提的是，《南齐书·东昏侯传》恰有东昏侯萧宝卷为坐骑披配银质莲叶铠甲的记载，颇可为此等出土实物之佐证。

魏晋南北朝时期金银的冶炼技术有很大提高，南京大学北园东晋墓出土的众多金饰片，金的纯度都非常高。金银器的制作工艺继承了东汉以来盛行的掐丝和焊缀金珠等工艺，同时镶嵌工艺有了更进一步的发展。例如湖南安乡西晋刘弘墓出土的金带扣，主题纹饰为一腾跃的飞龙，龙身镶满细小的金珠，其余部位嵌菱形和圆形绿玉44颗，整个器物金碧辉煌，工艺之精令人惊叹。北京西郊八宝山西晋幽州刺史王浚妻华芳墓出土的球状辟邪圆环钮银铃，四周以掐丝工艺制成八个乐人形象，计两人吹箫，两人吹笛，两人吹喇叭，两人扬手敲鼓。乐人下面系有圆形小铃一周，每个铃上嵌有红、蓝宝石。就工艺的复杂性而言，此器毫不逊色于任何一件奢华的汉代金饰。苏州东晋张镇墓出土羽人驭龙金饰，在火焰形轮廓内做出一羽人驭龙行进于云气之中，通体焊缀金珠，工艺难度很高。山西太原北齐娄叡墓出土的金饰件，用锤鲽和掐丝的方法作出金饰的基本形态和复杂流畅的花叶，然后再镶嵌珍珠、玛瑙、蓝宝石、绿松石、贝壳及玻璃等，诸种颜色交相辉映，精美异常。

由于西方金银装饰工艺通过丝绸之路传入中国，对中国金银器的制作产生了巨大影响。不少魏晋南北朝墓葬中出土的金银器，样式为纯粹中国式的，但其加工技术却是外来的，反映出汉魏以来的手工业者对外来技术的借鉴和对黄金性能的充分理解与利用。

11. 鲜卑金银器

鲜卑族是最初活动于大兴安岭一带的游牧民族。相当于东汉晚期时，鲜卑各部建立了强大的军事联盟。联盟瓦解后，拓跋鲜卑居黑龙江上游额尔古纳河畔至内蒙古河套东部，慕容鲜卑先居辽东、后入辽西。

图119　掐丝镶嵌银铃
西晋
通高4厘米　径3.5厘米　重36克
1965年北京西郊八宝山西晋幽州刺史王浚妻华芳墓出土
现藏首都博物馆

图120　金梳背
北周
长5厘米　宽1.5厘米
1988年陕西咸阳机场工地出土
现藏陕西省考古研究所

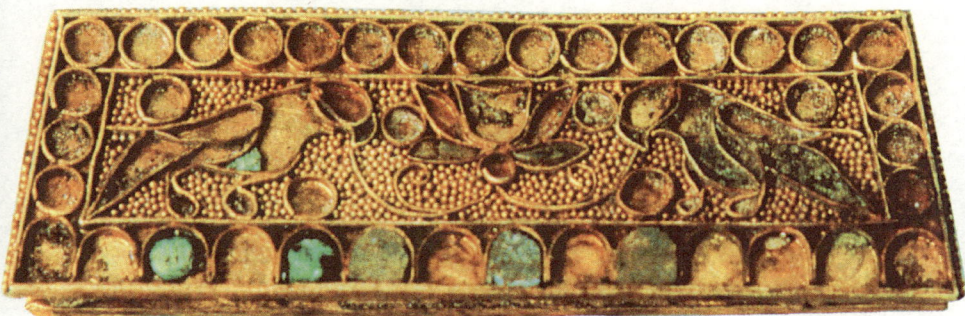

拓跋鲜卑建立有代、北魏等政权，金银器多为动物纹样的牌饰或首饰。动物纹样有龙、羊、马、牛、鹰和怪兽等，造型带有神异色彩。例如内蒙古凉城县小坝子滩相当于西晋时期的金银器窖藏出土的四兽形金牌饰，由一个人的身躯和四个动物头部连为一体，寓意巫师骑坐神兽，能沟通神灵。同出的一件虎噬鹿纹金牌饰，采用透雕工艺，刻画了猛虎侧身而立张口噬鹿的一刹那。虎背毛戟张臀部上，腹部铸有两只凸起的狼首，以菱纹作间隔，虽然秉承战国以来匈奴噬咬纹金牌饰的主意，但具体图纹却愈趋流于概念化与图案化。

鹿纹金牌饰在拓跋鲜卑遗物中发现较多。鹿的样式多变，单鹿、双鹿、三鹿以及一些似鹿的纹样十分流行，其技法则多采用透雕镂空的形式。与之类似的，还有作单马或双马形象的金牌饰。例如乌兰察布盟察右后旗三道湾鲜卑古墓群遗址出土的单马金牌饰，马呈站立状，头部似有圆形冠；双马金牌饰是在一跪卧状的大马背上，站立一小马，马头部也有圆形冠。值得一提的是，战国至西汉初的匈奴金银制品中，也流行鹿纹、马纹的动物纹牌饰，可见拓跋鲜卑金银器与匈奴金银器有一脉相承之处。

慕容鲜卑先后建立有前燕、后燕、西燕、南燕、北燕政权，创造了独特的文化，特别是金器中的步摇冠显示出鲜明的特色。步摇原是妇女用的一种首饰，慕容鲜卑对其情有独钟，贵族生前爱戴步摇，死后则多用以陪葬，如辽宁朝阳王子坟山相当于魏晋时期的慕容鲜卑墓葬即出土有金步摇饰，朝阳田草沟2座相当于西晋时期的鲜卑墓出土有金步摇冠饰3件，朝阳十二台乡砖厂和北票房身村前燕时期的墓葬分别出土1件和2件金步摇。内蒙古乌兰察布盟达茂旗西河子出土了金冠饰形步摇两套共4件，一套的基座为牛面形，另一套为马面形。两套步摇的基座均伸出分叉的枝条，看起来很像鹿角，与其底部的动物面形非常谐调。枝叉上均系有桃形金叶，从整体来看，角枝形如一株枝繁叶茂的花树，行走时犹如风摆花叶，十分潇洒。基座的牛面与马面均范铸而成。耳、鼻、眉部均镶嵌各色料石，极富装饰性。

辽宁和内蒙古出土的鲜卑系统金步摇，样式与制作技法与顿河下游新切尔卡斯克公元前2世纪的萨尔马泰女王墓出土金冠、

图121 双马金牌饰
东汉晚期
高5厘米 长6.5厘米
1983年内蒙古乌兰察布盟察右后旗三道湾墓地
现藏内蒙古自治区博物馆

图122 四兽形金饰牌饰
西晋
长8.9厘米 宽6.3厘米
1956年内蒙古乌盟凉城县小坝子滩出土
现藏内蒙古自治区博物馆

阿富汗席巴尔甘公元1世纪前大月氏墓出土的金冠一脉相承，其渊源当来自西方。

【小辞典·步摇】

妇女用的一种首饰。《释名·释首饰》："步摇，上有垂珠，步则摇动也。"《后汉书·舆服志下》："步摇，以黄金为山题，贯白珠为桂枝相缪，一爵（雀）九华（花），熊、虎、赤罴、天鹿、辟邪、南山丰大特六兽。"

12. 隋唐金银器

隋唐时期，金银器制造彻底摆脱了为其他器物作附属装饰的地位，其制作技术之高超，装饰之精美，品类之繁多，前所未有。

隋代国祚短暂，金银器发现不多，重要的有1957年发掘的陕西西安李静训墓出土的金项链、金手镯，金项链由28个多面金珠穿缀而成，金手镯呈椭圆形，分四节，各节两端较阔，上嵌玻璃珠，节与节之间各以嵌于方座中的青绿饰相连，开口处有一对钮饰，一端为花瓣形扣环，上嵌小珠6颗，另一端为活轴。两件金器均具有浓郁异域风格，为输入的域外金器。

唐代金银采矿、冶炼技术的提高和普及，使金银器制造业突飞猛进。各地出土的唐代金银器数量很多，最为大宗的属陕西西安南郊何家村窖藏出土1000余件，江苏丹徒丁卯桥窖藏出土956件，以及陕西扶风法门寺地宫出土121件。此外在陕西、甘肃、内蒙古、江苏、浙江、河北等地的唐代墓葬或遗址、窖藏中还出土了20余批金银器，少则一二件，多则十数件。其中金银器皿逾千件之多，占绝大多数。

从出土的唐代金银器来看，品种类型之复杂纷繁，令人叹为观止。用途丰富，包括茶具、酒具、食具、药具、卫生用具、首饰、佛教法器等。茶具有烘焙茶叶的焙篓，碾罗茶叶的碾子，贮存茶末的茶盒，烹茶的风炉，夹拨木炭的火筴，拂击茶汤的汤匙，盛沸水的熟盂（匜），贮放调味盐的盐台，坛子，倒茶注壶、

图123 牛首马首金步摇
北朝
马头形宽12厘米 高18.5厘米 重70克
牛头形宽14.5厘米 高19.5厘米 重92克
内蒙古乌兰察布盟达茂旗西河子出土
现藏内蒙古自治区博物馆

汤瓶，饮茶的茶杯、茶托。酒具有饮酒的杯、碗，倒酒的执壶、皮囊壶，行酒唱和的酒令酬等。食具有碗、盘、碟等。药具有贮藏药物的鼎、盆、罐，煎药的锅、铛、铫，炼丹的石榴罐、仰莲座罐，捣药的杵、臼，服药的杯、碗、壶。卫生用具有熏炉、香囊等。首饰有耳坠、戒指、钗等。佛教法器有佛像、佛塔、宝瓶、金函、金莲花、银芙蓉、锡杖以及掩埋舍利的金棺银椁等。

唐代金银器制作工艺有了明显提高。盆、碗、杯、盒等器型都规整稳定，体态和谐，从修整痕迹上来看，加工刀具多种多样，而且精密度很高，无论圆形器抑或方形器，都能扣合非常紧密。如三足束腰形小银罐，以子母口相扣合，盖上后极紧，空气无以进入，以致时过千余年，银白色的内壁依然锃亮如新。焊接技术高超，所有金银器的焊接处均未开裂，如金筐宝钿团花纹金杯腹部焊接的由宽0.1厘米、厚0.05厘米的金条掐制的团花及外侧直径0.1厘米的小金珠和金栉背上焊接的以直径0.08厘米金丝盘编的花纹、直径0.05厘米的小金珠，至今牢固如初，毫无裂缝和脱落现象，真令人难以置信。掌握了制作精密器物的方法，如金银器皿的葡萄花鸟纹银香囊和镂空双蜂团花挂链银香囊，在设计上充分运用了常平架原理，总共有四层结构，球形外壁和半球形金盂的圆度率极高，与内外两层机环的连接使用铆钉和管状垫片。四层结构的四个连接点呈垂直分布，由于设计科学、制作精确，组合在一起，至今仍然运转自如。

唐代金银器风格受外来影响较大，器形中流行的高足杯、带把杯、长杯，装饰纹样中盛行的忍冬纹、缠枝纹、葡萄纹、摩羯纹等均来自域外。这些非中国民族传统的器皿和纹样，以异样的造型与纹样风格使人耳目一新。唐朝匠师在接受西方器物影响的同时，也着意于与中国传统样式的融合，使具有异域风格的金银器工艺变得更适宜中国人使用与欣赏。尤其是唐代中晚期，金银匠师已完全摆脱了西方模式，开始将金银工艺朝着民族化的方向引进，早期"胡化之风"催化下产生的器皿和纹样已极少见到，新出现了各种壶、盘、盒等，器皿的外形多做成花瓣形，富于中国特色的宝相花纹、团花纹及折枝花纹相继兴起，纹样内容写实，布局疏朗，中国民族特色已经越来越占据主导地位。

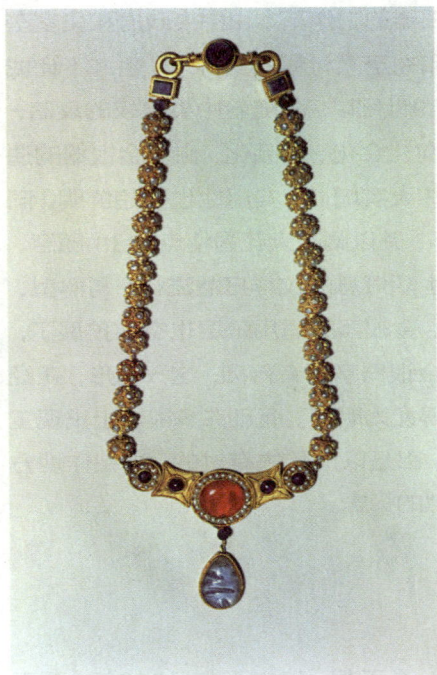

图124　金项链
隋
周长43厘米
1957年陕西西安李静训墓出土
现藏中国国家博物馆

图125　鎏金镂空飞鸿雁球路纹银笼子
唐
通高17.8厘米　口径16.2厘米
1987年陕西扶风法门寺地官出土
现藏法门寺博物馆

唐代早期及至盛唐，金银器的制作基本由中央政府和皇室垄断。在来自全国的优秀匠师和充足原材料的支持下，生产不计成本，作品具有很高水准。但自9世纪以后，随着中央集权的衰落，金银生产也由皇室垄断而走向社会化、商品化。许多金银器的造型与纹样趋向简朴，但器类却大有增益，实用性也更趋鲜明。同时在装饰上，折枝花种类繁多，并以阔叶大花为特点，自由随意、富有民俗色调，并拥有浓厚生活气息的纹样日益流行。与器型、纹样的潜移默化相借应的是，金银器的适用阶层也空前扩展了，许多富裕的百姓也加入到了金银器享用者行列，这一情形，在经济发展迅速的南方地区表现得尤为明显。而且许多银器上出现工匠名字以及作坊、行会标记，都是以前从未有过的，当视作地方官府作坊和私营作坊发展成熟的标志。

13．萨珊金银器

　　萨珊王朝是古代伊朗的一个王朝，建立于公元224年，覆灭于公元651年。萨珊人以擅铸金银器而闻名，与传统的中国金细工艺不同，萨珊匠师习惯采用锤鍱法打出的浅平浮雕纹为主，再用繁复细腻的阴线刻画细部，纹样略显拘谨，多为女神、骑士、联珠纹、带翼动物及麦穗纹圆框。魏晋南北朝、隋唐时，萨珊金银器通过各种渠道不断流入中国。

　　魏晋南北朝时期，萨珊金银器涌入中国的数量相当可观。例如山西大同北魏封和突墓出土的萨珊朝鎏金银盘，经锤鍱压法使器物成多曲形，纹饰则以锤鍱法制成凸面、再加刻划的手法制成。盘中央为一狩猎图，占据主体位置的是一典型伊朗脸型的骑士，头戴半弧形冠，冠后有萨珊式飘带两根，耳下及颈部悬挂缨珞，上身着紧身便服，腕套手镯，腰部革带上系箭筒，足蹬半长统靴。双手横执一矛，矛尖已刺入近前一野猪右额，右脚抬起反踹由后方袭来的野猪，前方有一野猪从芦苇中蹿出。骑士的体势自然优美，充分展现了人体的结构和动感。

　　宁夏固原北周李贤夫妇墓出土的鎏金银壶，同样是萨珊流入我国的一件重器。壶鸭嘴状流，颈至长腹细长，下腹圆鼓，颈腹

图126　捧真身菩萨
唐
通高38.5厘米　像高21厘米
1987年陕西扶风法门寺地宫出土
现藏法门寺博物馆

图127　葡萄花鸟纹银香囊
唐
通高4.5厘米
1970年陕西西安南郊何家村窖藏出土
现藏陕西历史博物馆

间及高圈足上下皆焊饰联珠纹。把手有兽首铸接壶腹，把上端铸一深目高鼻戴冠的胡人头像，壶腹表面锤鍱出三组人像图饰。人像男妇相对，作扭揉状，被认为是表现希腊神话传说中"帕里斯审判""掠夺海伦""回归"的连续场面。画面中人物头发、衣纹均用细线刻画，宛转流畅，衣服质感轻薄柔软，形象栩栩如生。

山西大同北魏城址出土的一件八曲银洗，俯视如八瓣花形，在中国传统器型中未见有同类者，而与中亚地区壁画中所见粟特、哒贵族手持的多曲银洗相仿。同出的一件折沿银碗，器腹四等分内各锤制出一高鼻、深目、卷发且头戴小圆帽的半身像。此种人像样式在哒货币上常常能够见到，而与蒙古人种殊不相类。河北赞皇东魏李希宗墓出土银碗，碗壁锤成有起伏。变化的水波形，样式独特，与英国不列颠博物馆收藏水波纹银碗别无二致，应当都是印度或伊朗东部公元4世纪至5世纪的作品。

近几十年来，萨珊银币在我国境内也多有发现，据不完全统计，共有30余处，总数逾千枚。主要出土地点有新疆的乌恰、库车和吐鲁番，青海西宁，陕西的西安和耀县，河南陕县和洛阳，河北定县，广东英德、遂溪，江苏南京梁公式钱铸坊遗址也出土了一枚萨珊银币。

萨珊银币的图案纹饰通常有相应的固定样式。正面周围环绕联珠圆圈1~2周，中间为王像，王冠越出圆珠圈，王像右边有铭文，左边或两边饰飘带；背面正中是波斯祆教祭坛，坛上火光熊熊，火光左右分饰星、月纹，祭坛两边各侍立一祭司，旁铸缩写的国王名字，周边再环绕联珠纹一圈。根据银币上铸出的国王名字，可以发现我国出土的萨珊银币分属于12个国王，时代由沙卜尔二世（310~379年）起，一直到萨珊朝最后一王伊斯提泽德三世（632~651年），延续近350年，其中相当于我国六朝时代的铸币中，以卑路斯（459~484年）银币发现最多。

萨珊金银器的输入对中国金银工艺如金银器的造型、装饰等也产生了深刻的影响。例如，多曲长杯产生并流行于伊朗高原，常作四曲、八曲或十二曲不等的多曲花瓣状口。唐代初年，多曲长杯大量涌入中国，促使唐朝工匠们开始学习效仿。但艺匠们在仿制萨珊长杯多曲和凸凹起伏特征的同时，又稍加改动，逐步扬

图128　萨珊朝鎏金狩猎图银盘
北魏
高4.1厘米　直径18厘米
1981年山西大同封和突墓出土
现藏大同市博物馆

图129　鎏金银壶
北周
通高37.5厘米
1983年宁夏回族自治区固原县出土
现藏宁夏固原博物馆

弃那些不适合中国传统的部分，使杯体稍深，口沿也略微外侈敞开，分曲形成的曲瓣不明显，凸凹起伏较浅，曲瓣也不像大多数萨珊器那样极尽夸张般地鼓凸，曲线由口及底成纵向式分曲，并将曲瓣减少，从而展现出轻快活泼的特性。另外将较单纯的多曲改为花朵式的多瓣，区别在于前者是几何式的抽象美，后者是植物式的写实美。多曲经过流畅的变形，宛如盛开的花朵，艺术效果完全不同，符合唐代艺术发展的大趋势。

萨珊银器上流行表现拜火教圣典信仰的阿娜希塔裸体或半裸体女神、葡萄圣树和狮水兽等题材。狮兽题材的纹样被中国工匠借鉴，在唐代金银器上流行。其他纹样因不符合中国传统而受到中国艺匠们的摒弃，取而代之的是中国人喜闻乐见的通体繁缛细密的植物纹样如缠枝蔓藤卷草纹、如意式的云头花朵纹等。

【小辞典·祆教】

又称火教、拜火教、火祆教、琐罗亚斯德教。崇拜火、日月星辰等象征光明的物体。公元前7世纪末6世纪初由琐罗亚斯德创立，流传于中东地区。公元3~6世纪，萨珊王朝统治伊朗时期成为国教，达到鼎盛。萨珊王朝被推翻后进入衰退期。南北朝时期传入中国，宋以后中国史籍不再提及。

14. 粟特金银器

粟特是处于阿姆河、锡尔河之间，以泽拉夫尚河、卡什卡河流域为中心的地区，主要在今塔吉克斯坦和乌兹别克斯坦境内。在这一地区曾建立有康国、安国、石国、米国等。魏晋南北朝已与中国有商贸往来，唐代时交往更频繁。

魏晋南北朝时期流入中国的粟特金银器，具有代表性的是广东遂溪县南朝窖藏出土的一件银碗，作凸凹的十二瓣。唐永徽二年（公元651年）萨珊王伊嗣俟被杀，王子卑路斯逃至吐火罗，萨珊贵金属工艺对中国第一位的影响被粟特所取代。

带把杯是具有典型粟特风格的器皿。中亚粟特辖域内的带把

图130 萨珊朝银币
北魏
1964年河北定县华塔塔基地官出土
现藏河北省文物研究所

图131 花鸟莲瓣纹高足银杯
唐
通高5.1厘米 口径7.5厘米 足径4厘米
1982年陕西西安韩森寨纬十街出土
现藏陕西历史博物馆

杯，只发现有银器，目前所知道的大约有十几件，杯体呈现八棱状、圆筒状和圜底碗状，绝大部分在杯体下部有横向内折棱，底部有带喇叭状外侈圈足。器物口部至腹部有环状把手，把手上部有椭圆形指垫，垫上装饰有浮雕人头像。唐代带把杯，经发掘出土乃至流出国门为世界各博物馆收藏者已达30余件，其中既有粟特人直接带入中国或通过贸易交换而获得的粟特本地制品，也有粟特工匠在唐朝的制品，更有唐朝工匠们仿造的创新制品。

粟特工匠在唐朝制作的金银带把杯，以西安何家村窖藏出土的几件为例，杯体成八个棱面，每个棱面各饰一深目高鼻、着窄袖翻领袍、手持乐器或作舞蹈状的胡人，其内容题材具有典型的域外风貌，可称作是纯粹的粟特风格。但在成型工艺上，这几件带把杯均以中国传统的铸造方法完成，杯体显得十分厚重，与粟特本土采用锤鍱技术制成的轻薄胎体全然不合。在装饰纹样上，其中一件带把杯的横向内折棱处饰有网格纹、钱纹和对置的叶瓣纹，类似纹样是中国六朝时期墓砖的习见装饰。由此可见，无论是器物成型的铸造工艺或者局部装饰纹样，都表明粟特工匠出于迎合唐人传统的审美观的需要，在保留了粟特银器固有造型风格的，同时，也刻意模仿了中国民族工艺中的某些特征。

唐朝工匠们仿制的带把杯尽管在形制上仍然套用了粟特原型，但在局部造型乃至主体纹样上都展现出了强烈的中国传统风格。以杯把为例，目前所知粟特银器中，几乎都有带宽平指垫的环形把手，但唐朝仿器的把手则将银条做成环形安装在杯上，上端不与口缘平齐，指垫也不与口沿相连，而是直接从环把手上部向外伸出，并微向上翘，从而使把环与指垫形成"6"字型。这是粟特全然没有的样式，而在中国汉晋时期的器物上已有。又以纹饰为例，唐代仿品上常见缠枝花草纹、雀绕花枝纹、宝相团花纹、鸾鸟纹以及仕女、骑马狩猎纹等，具有强烈的时代特点和民族风格。

粟特的金花银盘同样为唐人喜见。这种银盘流行盘心錾刻或模冲有动物主体纹饰、周围留出空白的做法，纹饰上多鎏金，使器物形成白底黄花、对比强烈的视觉效果。唐代金花银盘目前在国内外已发现30余件，或圆口、葵口，或菱形、海棠形等。但大多

图132　舞伎联珠柄八棱金杯
　　　　　　　　　　　　　唐
高6.4厘米　口径7.2厘米　重380克
1970年陕西西安南郊何家村窖藏出土
　　　　　　　现藏陕西历史博物馆

图133　鎏金仕女狩猎纹银杯
　　　　　　　　　　　　　唐
高5.5厘米　口径9.2厘米
1970年陕西西安南郊何家村窖藏出土
　　　　　　　现藏陕西历史博物馆

盘心所饰猞猁或虎状动物形象却并未在粟特银器中发现过，故亦不能排除是唐代工匠在粟特器风格影响下而揉入新意的仿制品。

此外，粟特制扁圆器身、口部有流略似鸟头形，粗矮圈足、并被东方民族称为"胡瓶"的带把银壶，以及器壁凸凹起伏、口沿下内束一周的银碗，也都曾大量流入唐朝，但迄今并未见到中国本土的仿品。

15. 宋代金银器

宋代随着封建城市的繁荣和商品经济的发展，各地金银器制作行业十分兴盛。据记载，不仅皇亲贵戚、王公大臣、富商大贾享用大量金银器，甚至连酒楼妓馆也较多使用贵重的金银酒具，可见当时的金银制作商业化所带来的金银器的泛滥。

宋代金银器制造业南北发展不平衡，南方较北方繁盛。目前大宗宋代金银器的考古发现几乎都集中于长江流域，如四川德阳宋代银器窖藏出土银器100余件，绵阳窖藏出土银器35件，成都彭州宋代窖藏出土金银器350余件，湖北蕲春宋代窖藏出土金器50余件，江苏南京幕府山宋墓出土金银器10余件，江西遂州北宋郭知章墓出土金佩饰13件，福建邵武故县宋代窖藏出土银器140余件，等等。北方所见只有河北定县两座北宋塔基，山东莒南宋代银器窖藏等几处出土有金银器，难与南方出土的宋代金银器相提并论。

受程朱理学及复古思潮的影响，宋代金银器不似唐代金银器般金碧辉煌，而向轻巧婉约的风格转变，与宋代艺术文人化的特征十分吻合。金银容器的形体比起唐代的普遍更趋小巧，显得胎体轻薄，清秀雅致。造型方面，在唐代曲瓣式器型的基础上更加丰富多彩，呈现多样化。以杯、盏、盘等容器为例，就有圆形、五角形、五曲形、六角形、六曲形、八角形、十二角形及荷花形、蕉叶形、重瓣菊花形、桃形、瓜棱形、柳斗形等。其中，像六角形、蕉叶形、重瓣菊花形、桃形等造型的器皿，为唐代所不见。此外，南宋时期常见的银丝盒、八卦纹银杯、八角纹银杯、银梅瓶等，在造型上已完全摆脱了唐代风格的影响，堪称宋代金银器的典型

图134　鎏金猞猁纹银盘
唐
高3.7厘米　口径18.5厘米
1975年内蒙古敖汉旗李家营子出土
现藏敖汉旗文物管理所

158
159

代表。在仿古风气的影响下，还出现了一批仿造先秦青铜礼器的银制品，庄重古朴，如江苏溧阳平桥宋代窖藏出土的双兽首耳乳钉纹鎏金银簋、四川成都彭州宋代窖藏出土的蟠螭纹银杯等。

宋代金银器的装饰题材来源于社会生活的广阔天地，洋溢着浓郁的生活气息。如表现狮子、龟、凤鸟等动物形象，通常具有很强的写实意味，如同写真画一般，生动活泼。至于最常见的植物花卉瓜果等纹饰也都结合器物的形体特点，以写实的手法加以表现，胆大心细的金银工匠们在此无拘无束地发挥，使这些花卉纹饰表现得或枝叶繁茂、花朵丰满，或一枝独放、姿态妖娆，或两花相对、婀娜俊俏，或茎蔓缠绕、瓜果连绵，不一而足。在发挥中又不失真实，将不同品类花木的苞蕾、花瓣、枝叶、脉络表现得逼真细致。受文人诗书画的影响，还涌现了不少具有诗情画意的图案，体现了宋代社会对艺术韵味的普遍追求。如福建邵武故县出土錾刻《踏莎行》词的宋代鎏金八角杯、江西乐安发现的分别刻有王禹《黄州竹楼记》和欧阳修《醉翁亭记》的两件银牌，其款记卓有文采的诗文内容及抑扬有致的书法意味，充分展现了作者不凡的人品修养和独特的个性，具备极高的文化品位。

宋代金银器在工艺上不仅继承了以前的切削、抛光、模冲、鎏金、锤鲽、錾刻、铸造、焊接等技术，而且在很多方面有所创新发展，如夹层技法、浮雕凸花工艺、镂雕工艺等，形成了宋代金银器工艺的新特点。夹层技法是把压印纹饰的两层银片内外叠于一起做成内外壁都有纹饰的某种器物，具有厚重的装饰效果。此种技法除了造型艺术效果独特以外，还具备了隔热防烫的实用功能，使用起来得心应手。浮雕凸花工艺可使画面主题突出，形象逼真，立体感更加鲜明，是宋代金银工匠的创新之举。镂雕工艺通常与其他工艺手段巧妙结合，显露出在唐代金细工艺基础上更为发展精进的特征，极富观赏性。如南京幕府山宋墓出土鸡心形霞帔坠子，即采用了镂空透雕与凸花浮雕相结合的工艺，生动刻画出一对金凤凰翱翔在繁茂的牡丹和葵花丛中的场面。

宋代民营金银器制作业往往将行名、匠名及产地，打印在金银器上，似有标榜名牌产品的意味。如四川德阳出土银器上有

图135　鎏金六瓣花式银杯
　　　南宋
高4.8厘米　口径10厘米　重60.9克
1981年江苏溧阳平桥宋代窖藏出土
现藏镇江市博物馆

图136　鎏金双兽首耳乳钉纹银簋
　　　南宋
通高7.1厘米　口径8.7厘米　重178克
1981年江苏溧阳平桥宋代窖藏出土
现藏镇江市博物馆

刻携或书写的"周家造""孝泉周家打造""庞家造洛阳子昌"等；江苏溧阳平桥银器上的"李四郎""张四郎"等；浙江永嘉宋代窖藏银器上的"蔡景温铺""兴贤吴铺""京溪供铺记""陈宣教""任七秀才造"等；成都彭州窖藏金银器上的"张十二郎记""吉庆号""罗祖一郎"等。此外，在银器上还常有标明成色的记录，如"吉家煎银十分""周家十分""汪家造十分""张家十分"等。有的银器亦有使用者或收藏者等表明所有权的铭记内容，如"沈氏行状""沈宅""马氏妆奁""冯宅""陇西郡董宅""史氏妆奁"等，都应属定制的商品。

16. 辽代金银器

辽是契丹族建立的政权。中国内蒙古、辽宁西部、河北北部、吉林以及北京地区的辽墓、辽塔和窖藏中，都出土有辽代金银器，总计有数百件之多。根据器物形制及装饰纹样的演变规律，这些出土的辽代金银器可分为早、中、晚三期。早期金银器以阿鲁科尔沁旗耶律羽之墓、赤峰大营子赠卫国王驸马墓、赤峰城子窖藏等出土的为代表。中期金银器以内蒙古哲里木盟奈曼旗陈国公主及驸马合葬墓、辽宁朝阳前窗户村辽墓、内蒙古敖汉旗英凤沟4号辽墓、朝阳北塔天宫、内蒙古巴林右旗庆州白塔、北京顺义县净光舍利塔塔基、北京房山北郑村辽塔地宫等出土的为代表。晚期金银器以内蒙古巴林右旗昭乌达盟窖藏、河北易县净觉寺舍利塔地宫等出土的为代表。

辽代金银器的使用范围非常广阔，既有生活用具、马具、丧葬用具，也有装饰用品和佛教法器。生活用具有碗、盘、杯（高足杯、折肩罐、扳指杯、钵式杯等）、瓶、壶、罐、函、匜、盒、盆钵、盏托、筷子、渣斗、荷包、针筒等。马具有鞍桥、带饰、缨罩、压胯银铃、辔具、当卢、铃罩、节约等。丧葬用具有金面具、银丝网络、鎏金银冠、金花银枕、金花银靴等。装饰用品有耳坠、手镯、戒指、带扣、蹀躞带等。佛教法器有菩提树、法轮、舍利塔及净瓶等。其中，生活用具中的银鸡冠壶、提梁壶，带链的金荷包、金针筒，丧葬用的金面具、银冠、银靴，装饰用品中的蹀躞带

图137　鎏金八角银杯
南宋
高5.5厘米　口径7.5~9.3厘米　足径3.5厘米　重56克
1980年福建邵武出土
现藏邵武市文物管理委员会

图138　"张四郎"樱桃纹银碟
宋
口径8.4厘米　底径6厘米　高1.2厘米
1981年江苏溧阳平桥宋代窖藏出土
现藏镇江市博物馆

等是辽国特有的器型，具有浓重的游牧文化色彩。

辽代金银器的丰富与发展与其广泛吸收外族文化有直接关系。其中除了构成主体的唐文化和宋文化因素之外，还有突厥文化、中亚文化等成分。契丹人在汲取这些多元的外来因素的同时，也在工艺、器型和纹样等各方面创造出了自己的特色。但就辽国金银器发展的主线来说，早期接受的主要是唐文化的影响；从中早期，特别是澶渊之盟后，随着辽宋之间交往的增多，辽代金银器开始在局部上逐步融汇了宋文化的某些特征。中晚期和晚期辽代金银器完全向宋代金银器的风格转变。

辽代早期金银器，器形上葵口多曲的碗、杯、盘等器及采用的四、五或六的分曲数，均是唐代金银器中常见的，但在继承唐代器型的同时又有所发展，如盝顶方函，唐代多用铰装，而辽代无铰装。工艺上沿用了唐代金银器钣金成型，平錾花纹或主题纹饰隐起、底衬鱼子纹的惯常作法，特别是它大量袭用了唐代金花银器特有的局部鎏金的装饰手段，既突出了主体纹饰，又增添了器物的华贵感。装饰上采用晚唐流行的多层散点装为主要的表现手法，广泛吸收唐代金银器上的龙纹、凤纹、双鸳衔绶、卧鹿、双狮及卷草、四鹿团花、折枝花、团花、海棠纹、卷草纹、忍冬桃形如意结等纹样图案，但减少了植物纹，侧重珍禽瑞兽纹，装饰风格朴素舒朗，不及唐纹饰的细腻和富丽，种类形式变化不甚丰富，中期以后更趋于简化和涣散。

辽代中晚期金银器，器型上，花朵、荷叶形状的碗、盘，八棱执壶及八棱温碗，均是宋代金银器中极具特色的。工艺上，部分器物作高浮雕的凸花技法，纹饰錾线成连贯的阴槽的作法，金银器上涂饰漆画等，均显示出宋代工艺的影响。在装饰纹样上，宋对辽的影响是细微零碎的，宋的纹样没有大量全面地出现在辽器上。从辽主要纹样龙、凤、卷草、云纹、折枝纹等在中期以后的变化趋向上能识别出宋的作用。比如折枝花，由图案性团花格局走向写实，就是融合了宋的风格。不过宋器纹饰中更经典的錾刻诗文、仿古图案等方面，未曾发现对辽代金银器产生影响。

图139　金面具
辽
长20.5厘米　宽7.2厘米
1986年内蒙古奈曼旗
陈国公主及驸马合葬墓出土
现藏内蒙古自治区博物馆

图140　鱼龙纹提梁银壶
辽
通梁高43厘米　壶高34厘米
1979年内蒙古赤峰城子出土
现藏赤峰市文物工作站

【小辞典·蹀躞带】

　　中国古代的一种腰带。原为胡制。带间有带环，用作佩挂各种随身应用的物件，如弓、剑、刀、砺石等。自魏晋时期传入中原。到唐代曾一度被定为文武官员必佩之物，以悬挂算带、刀子、砺石、针筒等七件物品，俗称"蹀躞七事"。唐开元之后一般不再佩挂，但在民间，特别在妇女中间却更为流行。

17. 元代金银器

　　元代作为中国封建社会规模空前的大一统国家，国力远较两宋为强，金银制造业更是盛极一时。金银器的使用在统治阶层中尤其靡费。

　　元代金银器的大宗出土记录主要有：江苏吴县吕师孟墓出土"闻宣造"如意纹金盘、御仙花金带饰、文王访贤图金带饰、鸳鸯荷花纹金缀、"闻宣造"八棱形鎏金团花银盒、"沈二郎造"团花银盒、"闻宣造"葵瓣银盒、银渣斗、银水盂、银匙、银尊、银锭等共计54件；无锡钱裕墓出土金杯、金簪、金带釦、金箍饰、银碗、银筷、银匙、银发罩、银插花、银瓶、银盒、银匜、银渣斗、银盆、银罐、银钗、银匕、银带流杯等共计40余件；金坛洮西公社湖溪大队元青花云龙纹罐窖藏出土夹层大碗、小碗、鎏金莲花盏、蟠螭纹盏、蟠螭纹盘、梵文盘、凸花人物故事盘、条脱、镯、戒指、银锭等银器共50余件；苏州盘溪小学内发现的张士诚母曹氏墓出土金簪、金钗、金冠、金耳环、银奁、银托盘、银镜架等；安徽合肥元代窖藏出土"章仲英造"款金碟、"章仲英造"款金杯、银碟、银杯、银果盆、银壶、银匜、银碗、银筷、银勺等共计11种、102件；湖南津市元代窖藏出土八棱双耳金套杯、花果纹金簪、金凤簪、叉形金簪、金钗花、银锭等共8件。

　　从上述出土金银器可以看出，元代金银制造业禀承了宋代金银制造业的很多特点，如用作地域偏盛于南方，北方则相对较低迷；银器数量多，金器数量少，总体呈金贵银滥之势；使用者

图141 牡丹纹八棱银执壶
辽
高25厘米 腹径15厘米
1978年内蒙古巴林右旗辽代窖藏出土
现藏巴林右旗文物馆
166
167

的阶层扩展，在城市经济中的作用越来越重要。具体到工艺装饰上，也大体承袭了宋代洗练写实、朴素淡雅的作风，素面者较多，即便是有纹饰者，也大多于局部点缀。但从纵向的金银工艺发展历史来看，元代金银器也展现出了其求新、求变的一面。

元代出现了一些新的金银器品种，如江苏苏州张士诚父母合葬墓出土的银奁，有三层，各层之间有子母口套合。上层放有银刷两把、银镜、银剪和银刮片，中层内置银圆盒4件、小银罐1件及大小银碟各1件，下层盛有银质梳、篦、脚刀、小剪刀、水盂各1件，另有银针6根。类似形制的奁具，在宋代以来的漆器中并不稀见，但以银制者，则仅见于此。又如同墓出土的银镜架，外观呈折合式，由前后两个支架构成。后支架为主架，上部作坊式雕镂，顶为如意框栏。前支架为附架，底部与后支架间有活络底板。后支架上部与前支架间也有活络方形面板，两角伸出两钩，使用时可钩入后支架团龙侧的两个圈眼，使面板形成一定角度的斜面。整器设计巧妙，构思独特，制作中又融合了锤鍱、镂空、錾刻、模制、凸花、鎏金等多种工技艺，既实用又雅观，实开启有明一代金细工艺装饰之先河，堪称世所罕见的珍品。而且作此形制的镜架，在明清以后的木制家具中并不稀见，但如此早至元末且以白银打制者，却是前所未见。

元代涌现了一批制作金银器的名匠，陶宗仪《辍耕录》记曰："浙西银工之精于手艺，表表有色者，有嘉兴朱碧山、平江谢君余、谢君和、松江唐俊卿等。"只是这些名匠的作品存世极少。其中，北京故宫博物院藏有一件朱碧山自作自用的槎形酒杯。此杯造型如枝干杈桠的桧柏，予人苍老古朴之感。槎上倚坐一宽袍长髯老道，宽袍长须，面带微笑，正捧书浏览。正面槎尾有"龙槎"刻铭，口下亦有行楷15字："贮玉液而自畅，淫银汉以凌虚，杜本题。"下腹刻五言绝句一首："百杯狂李白，一醉老刘伶，知得酒中趣，方留世上名。"槎尾刻作者楷书款识"至正乙酉（1345年）谓塘朱碧山造于东吴长春堂中，长孙保之"，另有篆书"华玉"印记。此槎，系铸造后焊接成型，再加雕琢而成，具有塑、画的双重艺术效果，令人联想到仙人乘舟凌空到天河的神话传说。它造型独特新颖，意韵恬静超脱，充分表现了作者的人

图142 "闻宣造"金盘
元
长16厘米 宽16厘米 厚1.3厘米
重93.86克
1959年江苏吴县元吕师孟墓出土
现藏南京博物院

图143 银镜架
元
宽17.8厘米 高32.8厘米
1964年江苏苏州张士诚母
曹氏墓出土
现藏苏州市博物馆

品修养和独特的个性，是集高超技艺和个人情趣于一体的艺术极品。

18. 明代金银器

明代金银器主要出土于江苏南京、安徽蚌埠、云南呈贡、江西南城、湖北圻春、湖南凤凰、北京定陵等帝王公侯的陵墓。云南呈贡王家营沐祥墓出土了金发冠、金花、金耳坠、银带饰、银镯等。江西南城明益庄王朱厚烨墓出土了金钱、楼阁人物金簪、金凤钗、金带钩、金香囊、累丝嵌宝石金冠、金手镯等。湖北圻春荆端王妃刘氏墓出土了金凤冠、金戒指、金簪、银壶、银钟、银盒等。北京定陵出土了金冠、金带、金壶、金粉盒、金盂、金碗、金爵等。湖南通道南明窖藏出土银鼎6件、银爵1件、银斝1件、银匜1件、蟠桃形银杯7件、银盘11件。

明代金银器盛行结合其他材质，如与玉结合的金玉复合制品在宫廷皇家及上流社会中极为常见，代表作如江苏苏州五峰山博士坞明弘治进士张安晚家族墓出土的金蝉玉叶，北京定陵出土的金托金盖玉碗、金托玉爵、金环镶玉兔耳坠等。

明代金银器的镶嵌工艺高超，包括极为名贵的猫眼石、祖母绿等各色宝石均可镶嵌其上。宝石镶嵌所形成的多色对比，交相辉映，使金银器更显得华贵雍容、富丽非凡。例如北京定陵出土的孝靖皇后金凤冠，冠框用髹漆竹丝编织而成，通体嵌有大、小红蓝宝石100多颗、珍珠5000余粒，珠光宝气，色泽瑰丽，皇家风范十足。但有些制品由于极尽奢华，宝石过于堆砌炫耀，也影响了艺术效果上的整体完美。

明代金银器的编累工艺已臻达完美。例如，江西南城明益庄王朱厚烨墓出土的以金丝编累的楼阁人物金簪及楼阁人物金发饰，在方寸天地内编累出多栋楼阁，不仅飞檐、廊柱历历在目，更可见花草树木、楼内瑞鹿白鹤乃至各色人等，其构思之奇，做工之巧，尤为前代所不及，令人叹为观止。又如北京定陵出土的万历皇帝金丝冠，用直径仅有0.2毫米的金丝编织而成，薄如蝉翼，轻似纱冠。编织的孔眼均匀，肉眼看不出接头痕迹。冠上攀附的

图144　朱碧山造银槎 170
元 171
高18厘米　长20厘米　重616克
现藏北京故宫博物院

两条蟠龙，以粗金丝为骨，采用掐丝、垒丝、码丝的方法塑造成型，然后进行焊接，使之呈高浮雕鳞片式。龙首、龙爪和背鳍采用了錾刻的方法，呈半浮雕形。整器集多种精湛工艺于一身，堪称明代金细工艺的杰出代表。

明代金银器延续了宋代兴起的仿古风格。例如湖南通道侗族自治县南明窖藏出土的银爵、银鼎、银斝、银匜等，器型明显模仿商周青铜器，制作工艺也效法青铜器的分铸法，是明代金银器仿古造型代表。北京定陵出土的金托玉爵，是以商周青铜酒器——爵为原型仿造的，但造型却雍容端庄，一改商周青铜器古奥神秘的色彩，显然融入了更多的生活气息，而变得世俗化了。

【小辞典·南明】

1644年（明崇祯十七年）4月25日，李自成率领农民起义军进入北京，推翻了明朝政权，明宗室南逃。6月6日，清军入京，宣布清王朝"定鼎燕京"，统治中国。10月30日清顺治帝在北京即皇帝位，清王朝的中央政权由此确立。与此同时，南逃的明宗室先后在南方建立了一些地方性政权，统称"南明"。包括弘光政权、隆武政权、鲁王监国、绍武政权及永历政权。这些政权苟且偷安，腐败不堪，很快被清军消灭，前后历时仅18年。

19. 清代金银器

清代金银器保留下来的大多为传世品，数量庞大，是历朝历代最多的，而且大多是清宫遗物，收藏于北京故宫博物院。清宫金银器主要来自宫中造办处，部分来自地方进贡，仅有少部分从民间市场上购买。造办处聚集了当时各行最优秀的工匠，因此加工制作集各种工艺技术于一身，代表了清代工艺的最高水平。而作为贡品的金银器主要由京师和地方官员进献宫廷，也有部分为外国进献宫廷和海外贸易所得，也都是精品。

清代金银器的社会功能更加多样，使用范围进一步扩大，尤其是皇家所用金银器，几乎遍及典章、祭祀、陈设、佛事、生活

图145　金蝉玉叶
明
金蝉长2.4厘米　玉叶长5.1厘米
1954年江苏苏州张安晚家族墓出土
现藏南京博物院

图146　楼阁人物金发饰
明
高5厘米　长9.5厘米　重90.5克
1958年江西南城益庄王朱厚烨墓出土
现藏江西省博物馆

图147　银鼎
南明
通高9.2厘米　口径7.7厘米
1982年湖南通道南明窖藏出土
现藏湖南省怀化地区文物工作队

等诸方面。如用于典章的有皇帝、妃嫔、皇子所用的金印，用于祭祀的金银器中最著名的当属康熙乾隆两朝用黄金铸造的编钟，用于陈设的有银盆金树盆景，用于佛事的有各式佛像、佛龛、佛塔、佛阁、七珍八宝、经盒等，用于生活的有金錾花八宝双凤盆、金嵌珠宝"金瓯永固"款杯、金錾云龙纹执壶、金錾花扁壶等器具。

清代金银器的造型融合了中原、蒙古、西藏、新疆以及西南等地少数民族的传统风格，同时也借鉴了西方文明的科技成果，使之随着器物功能的多样化而更加绚丽多姿。器体更趋向大型化，如曾供奉于清宫内廷的一座金佛塔，通高达5.33米，共用三等金350千克。图案也有很大变化，龙、凤等象征皇权的纹饰盛行于清宫金银器上，而五蝠、灵芝、松鹤等寓意吉祥的图案在清宫和民间金银器上都很流行。

清代金银器制作融汇了中国几千年金银器制作工艺之大成，呈现出洋洋大观、空前繁荣的局面。除了全盘继承以前所有的锤鲽、模压、范铸、镶嵌、镂雕、掐丝、垒丝、炸珠、焊接等传统技艺外，还有所发展创新。如创造出在金银器上点烧透明珐琅或以金掐丝填烧珐琅以及金胎画珐琅的新工艺，为金银器增添一股令人敬崇无比的华丽富贵之气。这种金银与珐琅结合的复合工艺在清廷造办处和广州地区特别盛行。

清代的金玉复合工艺仍有所发展，例如故宫博物院珍藏的白玉错金嵌宝石碗，以新疆和阗羊脂白玉琢成。碗的外壁饰以错金花卉枝叶，并用180颗宝石嵌成红色的花朵，诚可谓玉蕴金辉，光泽清丽，其错金工艺之精湛，在清代金玉合成制品中是仅见的。

图148　四臂观音金坐像
清
高90厘米　重31.8千克
现藏北京故宫博物院

图149　金嵌珠宝"金瓯永固"款杯
清
高12.5厘米　口径8厘米
现藏北京故宫博物院

四 金属珐琅器篇

金属珐琅器是集金属制作工艺和珐琅加工处理为一体的复合性工艺品。它虽起源于阿拉伯地区，元代才开始传入中国，但一进入中国就与中国传统艺术相结合，具有了中国特色，成为体现中国文化善于吸收外来文化精髓变为己用的标志性工艺品。

金属珐琅器既有金属的贵重和坚固，又有珐琅的晶莹、富丽，无论是用于陈设、礼仪，还是日常生活，均可体现出皇家的显赫。因而从其诞生那天起，就成为皇家贵族的专用品，民间绝少见到。在其产生、发展的数百年间，从器型、花纹到工艺特色，无不打下深深的皇家烙印，体现着皇家的审美情趣。

1. 什么是金属珐琅器？

金属珐琅器，是指将经过粉碎、碾磨后的珐琅，涂施（又称填蓝）在按照器物造型设计要求制成的金属胎（主要是铜，也有金、银胎）的表面，经干燥、焙烧（烧蓝）、镀金、磨光等制作过程之后，得到的一种集金属制作工艺和珐琅加工处理为一体的复合性工艺制品。

珐琅，又称"佛菻""佛郎""拂郎""发蓝"，是一种玻璃质低温色料，烧成温度一般在七八百度。基本成分为石英、长石、盆硝和瓷土等，加入纯碱、硼砂为熔剂，氧化钛、氧化锑、氟化物为乳浊剂，金属氧化物为着色剂，经过粉碎、混合、煅烧、熔融后，倾入水中急冷成珐琅熔块，再经细磨而得到珐琅粉，或配入黏土经湿磨而得到珐琅浆。具有质硬，除弱酸强碱外不溶于水及一般常用的酸液和碱液，耐擦拭，釉面具有光泽，不透气体和液体，色彩丰富，适于彩绘和装饰等特性。

制胎是金属胎珐琅器制作最基本的工序之一。先按照器物造型设计图，将铜板材切成所需要的铜片、铜叶，并锉刮平整，然后收锼、合对、嵌接或烧焊成器。此外，尚有铸胎成型技法，主要是一些小件器物。填蓝，又称"上药""点蓝"，即在制成的金属胎上按照图案设计要求填注珐琅釉料。烧蓝，将器物放入炉中，经500~900 ℃焙烧，使珐琅附着在金属胎上。镀金，又称"鎏金"，是中国古代金属工艺装饰技法，铜胎金属珐琅器表面多镀

图150　铜胎掐丝珐琅缠枝莲纹兽耳炉
元
高16.2厘米
现藏北京故宫博物院

图151　金胎掐丝嵌画珐琅开光仕女图执壶
清·乾隆
通高39厘米　宽28厘米
现藏北京故宫博物院

金。磨光，经过金属加工和烧制后的珐琅器，再用黄浆石磨平，然后用磨炭加清水打磨，使表面光滑平整。

依据金属制作工艺和珐琅加工处理方法等的不同，金属胎珐琅器一般可划分为掐丝珐琅、錾胎珐琅、画珐琅和透明珐琅等四个不同的工艺品种。其中，掐丝珐琅出现最早，也是金属胎珐琅器的主流。

2. 掐丝珐琅

掐丝珐琅器是金属珐琅器工艺中的一种。具体制作方法是：在已制成的金属胎表面，按照图案设计要求先描绘纹样轮廓线，然后用细而薄的金属丝或金属片（主要是铜，兼用金或银丝、片）焊着或粘合在纹样轮廓线上，即掐丝，组成纹饰图案，再于纹样轮廓线的空白处，点施各种颜色的珐琅，经过多次入炉焙烧及镀金、磨光而成。

掐丝技术起源很早，可能与贵金属——金工艺的包镶技术有关。一说这种技术起源于波斯（今伊朗），在公元五六世纪后传到阿拉伯、东罗马帝国等地。在中国出现的时间有唐代、元代、明代等多种说法，目前学术界普遍认同的是元代。依据之一是明初曹昭《格古要论》有关"大食窑"的记载，依据之二是见有元代的掐丝珐琅器。

《格古要论》记载："大食窑，以铜作身，用药烧成五色花者，与佛郎嵌相似。尝见香炉、花瓶、盒儿、盏子之类，但可妇人闺阁中用，非士大夫文房清玩也，又谓之鬼国窑。"可见，"大食窑"器的制作方法和工艺特点与金属珐琅器相同，因此即应是金属珐琅器，而"大食"即今天的阿拉伯地区。此外，元代吴渊颖有咏"大食瓶"诗，对"大食瓶"的尺寸、色彩、花纹等都作了较为详细的描述，说明大食国的工艺品在当时已经传入中国。

北京故宫博物院收藏有金属珐琅器六千余件，其中绝大多数为传世品。这些作品虽然从未发现有元代年款者，但经认真细致的研究和整理，从器物造型、珐琅质地和花纹特点等方面考察，发现数件掐丝珐琅器应为元代制造，而非器物上所镌刻的时代。

图152　掐丝珐琅兽耳三环尊

元

高70.6厘米　口径36.2厘米　底径23.1厘米

现藏北京故宫博物院

例如，掐丝珐琅兽耳三环尊，原为罐，明代时在口加觚形颈，在底加兽足，改制成现在的器形，器底足还錾款"大明景泰年制"。改制技术十分精巧，但细查之可发现上下接口处均多加一圈，珐琅质地与色彩上下不一致，上部明显较暗和沉穆，主体花纹也具有元代特征，因此可认定是一件元代掐丝珐琅器。

综上所述，中国掐丝珐琅工艺应是在13世纪末、14世纪初，通过蒙古军队的西征，接受从阿拉伯半岛传入的"大食窑"器工艺的影响而发展起来的。这一工艺传入之初，作品是由"大食"工匠或是在"大食"工匠具体指导和帮助下完成的。因此，或多或少受到一些阿拉伯文化的影响。由于金属掐丝珐琅器具有的特殊的艺术效果，很快得到封建帝王的赏识，于是宫中效而制之。经过明清长达六七百年的发展，中国工匠逐渐掌握了制作技术，将阿拉伯"大食窑"器的工艺技法融入到自己的审美习惯中，逐步制成具有本民族特色的掐丝珐琅器。目前所见具有年款的，明代有宣德、景泰、嘉靖、万历四朝，清代有康熙、雍正、乾隆、嘉庆、同治、光绪六朝，还有部分私营作坊作品。

【小辞典·《格古要论》】

中国古代工艺美术的一部重要著作，明代曹昭著。曹昭，字明仲，江苏松江人。成书于明洪武二十一年（1388年），共三卷十三论。上卷为古铜器、古画、古墨迹、古碑法帖四论；中卷为古琴、古砚、珍奇（包括玉器、玛瑙、珍珠、犀角、象牙等）、金铁四论；下卷为古窑器、古漆器、锦绮、异木、异石五论。明代中期，王佐作增补，其章次也有所变更，共十三卷，并易名为《新增格古要论》，但见识远不及原著。

3. "景泰蓝"得名由来

"景泰蓝"是清代民间对金属掐丝珐琅器的俗称，明末清初人笔记中有"景泰御前珐琅"的记载。"景泰蓝"之名的由来有三种代表性的说法：一是因明代景泰年间开始生产金属胎掐丝珐

图153　掐丝珐琅双联瓶
清·乾隆
高27厘米
现藏北京故宫博物院

琅器，故称；二是器表地色多为蓝色；三是明代景泰年间制作工艺最精，代表了掐丝珐琅器的最高水平。

目前所知，具有年款的掐丝珐琅器最早为明宣德时期，早于景泰，而实际上存世的作品中还有元末明初之作，因此，第一种说法并不成立。至于掐丝珐琅器的地色，除蓝色外还有白色等其他多种地色，显然以"蓝"为名也不够贴切。

鉴有景泰年款识的掐丝珐琅器，北京故宫博物院收藏有一百余件，占该院收藏的具有年款的明代作品的80%。这些作品在很长的一段时间里一直被确认为景泰年间所制无疑，并被看作掐丝珐琅工艺中的精品之作，同时也是解释"景泰蓝"一词的重要依据。但款识、形式、器型种类等诸多方面风格各异，即便在一件作品上，也有呈现出不同风格特点者。如款识形式，从布局（横排、竖排、横竖交错）、制款方法（铸錾、掐丝、刻划）、字数（六字、四字）、书体（楷书、篆书、仿宋体）、框栏（长方框、方框、圆框、委角框）以及款识所镌位置（器底、器身）等方面看，竟有三十余种。这些数量众多、风格多样、制作精美的存世作品同时出现在仅有六七年历史、其间又逢内忧外患政局不稳、经济衰退、手工业陷入低谷的景泰时期，真让人匪夷所思。

近年来通过对大量的金属珐琅制品的对比研究，逐渐认清了其真实面目。其实，具"景泰"款的掐丝珐琅器大多数是伪款、伪器。这其中有景泰年间对早期留存器用拼装、修配等方法重新制作，加刻年款者；有后世将无款、有款旧器重新镌刻景泰年款者；或者完全是伪造器。真正的景泰年制品可谓寥寥可数，而且成就也并不突出。因此，研究者对"景泰款"掐丝珐琅器，需要特别仔细观察，辨其真伪。

4．錾胎珐琅

錾胎珐琅是金属雕錾技艺与珐琅制作相结合而产生的一种复合性装饰工艺。做法是在金属胎的表面雕錾起线花纹，然后于花纹下陷处填施各种颜色的珐琅，经过焙烧、镀金、磨光而成，器物表面呈现出似宝石镶嵌的效果。金属雕錾技术，是古代发明较

图154　掐丝珐琅狮纹尊
明中期
高28.7厘米　口径21.4厘米　足径15.6厘米
现藏北京故宫博物院

早的一种金属加工方法，在我国商代已广泛应用，提高了青铜工艺的装饰美，丰富了它的色彩感。可见錾胎珐琅除图案纹饰起线方法不同之外，在点蓝、烧蓝、镀金、磨光等制作工艺上，与掐丝珐琅基本相同。

錾胎珐琅工艺的历史较为久远，但具体起始年代，目前尚无定论。杨伯达先生认为："仅从现存最早的实物以及有关的条件，即玻璃工艺的发展联系起来看，目前可以暂定这种金属錾胎珐琅似乎发源于埃及（可以上溯到公元前2000年），再传至欧洲，至公元11~13世纪之间得到了异常迅速的发展。"錾胎珐琅工艺传入中国的时间，可据明初曹昭《格古要论》中关于"大食窑"的记载推论而出。

《格古要论》记载："大食窑，以铜作身，用药烧成五色花者，与佛郎嵌相似。""大食窑"器即掐丝珐琅器，而"佛郎嵌"是元明之际中国对欧洲錾胎珐琅器的称谓。"佛郎"在当时泛指欧洲。《元史译文证补》卷二十二记"皆称欧罗巴人为佛郎"，而明代则称葡萄牙人和西班牙人为"佛郎机"。从《格古要论》中对"大食窑"器的描述可推知，錾胎珐琅传入中国的时间当略早于掐丝珐琅，大约是在13世纪中后期。传入途径当与"大食窑"工艺相同，即蒙古军队的西征。

錾胎珐琅工艺传入中国后，并没有像掐丝珐琅一样普及开来，仅集中于某个时间或地区。目前所见最早纪年款的錾胎珐琅实物，是现收藏于北京故宫博物院"宣德年造"的缠枝莲纹圆盒，这也是目前可以确认的明代錾胎珐琅器的唯一实物。清代錾胎珐琅器的生产，主要集中于乾隆年间，当时宫内造办处珐琅作和广州等地均可烧造。

5. 画珐琅

画珐琅，亦称"洋瓷"，是用珐琅来直接作画。做法是先在胎胚烧上一层不透明的珐琅作底层，然后按照图案设计要求用珐琅直接在金属胎上作画，入窑烧制而成。画珐琅器的画面内容题材十分广泛，有山水人物、虫草花鸟等，极富绘画趣味，因此也

图155　鋄胎珐琅缠枝莲纹圆盒
明·宣德
高5.5厘米　直径11.3厘米
现藏北京故宫博物院

图156　鋄胎珐琅牺尊
清·乾隆
高19厘米　长21.2厘米　宽9厘米
现藏北京故宫博物院

可称之为"珐琅画"。15世纪初由欧洲法兰德斯人发明，传入中国的时间较晚，大约是在清代康熙年间。

清康熙二十二年（1683年），清军收复台湾，设置台湾府，确保了东南沿海的安定。次年，康熙皇帝颁布废除海禁令。此后，清政府与英、法、德、荷、西等西方国家正常的文化交流和贸易往来逐渐开展起来。中国的丝绸制品、陶瓷、茶叶、生丝等输往西方，而西方各国生产制造的金属器、科学仪器、钟表、玻璃器等"洋品玩珍"也源源不断涌入中国，并对中国工艺美术的生产产生一定影响。在此历史背景下，西方的画珐琅工艺传入我国，并被引进皇宫，受到帝王的喜爱，因此很快兴起和发展起来。

康熙五十年（1711年）之前为中国画珐琅器生产的测试阶段。这个阶段的画珐琅工艺，胎体制造厚重，器物造型简练庄重，且器形品种较单一，多为一些实用性器具。珐琅施用浓重，表面不够平滑，色彩暗淡，绘饰效果似早期粉彩瓷器。图案的内容题材较简单，基本是一些山水人物画内容，用笔飘逸洒脱，不尽工致，少见装饰性图案纹样。

清康熙五十年（1711年）以后，中国的珐琅工匠们通过几十年的努力，并在一些欧洲国家画珐琅器制作匠师们的帮助下，基本掌握了画珐琅器制造技术。从此，中国的画珐琅器生产逐渐步入成熟和进一步的发展时期。

雍正朝虽仅十余年，却是中国画珐琅工艺重要的发展阶段。珐琅色彩处理方法独特，新颖的器物造型不断涌现，特别是雍正六年（1728年）试制成功新的珐琅颜色达二十余种，极大的丰富了珐琅颜色品种，为乾隆时期画珐琅工艺乃至金属珐琅器等其他工艺品种的全面发展奠定了基础。

乾隆时期的画珐琅器，在康熙、雍正二朝基础上，生产规模更为庞大，呈现出百花齐放的形势，是我国古代画珐琅工艺的全面发展时期。

6. 透明珐琅

透明珐琅器主要是利用具有透明或半透明性特点的珐琅，罩

图157　画珐琅莲花式碗
清·康熙
通高10厘米　口径11厘米　足径9.1厘米
现藏北京故宫博物院

图158　画珐琅花蝶纹小壶
清·雍正
通高8.2厘米　口径5.2厘米　足径5.7厘米
现藏北京故宫博物院

在成形的金属器胎上，再经焙烧而成。透明珐琅器制作工艺是13世纪末由意大利人最先发明，14世纪法国已经出现了多彩的透明珐琅器。大约是在清代康熙晚期，这种工艺从欧洲经广州传入中国，乾隆时期大量生产。依所施透明珐琅熔点高低的不同，可分为低温熔融软透明珐琅器和高温熔融硬透明珐琅器两种工艺类型。

低温熔融软透明珐琅器也称"烧蓝"。制作方法是：按照图案的设计要求，以金属錾刻或锤揲技法，对金属胎进行先期加工，制作出浅浮雕花纹，然后在其表面涂施具透明性的珐琅，经过入炉焙烧而成。由于锤錾的花纹深浅凹凸不平，器物表面花纹会呈现出一种若隐若现、明暗对比的视觉效果。代表作如清雍正年间广州制造的银烧蓝五蝠捧寿八方盒，这也是目前所见中国最早的低温熔融软透明珐琅器实物。由于低温熔融软透明珐琅器的制作工艺相对简单和容易，除广州和清宫内务府造办处珐琅作之外，当时内务府所属广储司下辖的"银作"也烧制许多"银发蓝"类的器物。此外，清晚期及民国时期，有些民间作坊还烧制烧蓝首饰物件，充斥市场。

高温熔融硬透明珐琅器以乾隆年间广州所制最具代表性，而且广州是唯一掌握并且能够制作这一工艺制品的地方，因此被称为"广珐琅"器。胎体轻薄，制作方法复杂，工艺难度大。一般在锤錾起线花纹的同时，还需再贴饰金片花纹或银片花纹。在珐琅色彩装饰上，除使用单色的透明珐琅之外，有些作品还需涂施多彩的透明珐琅。主要的颜色品种有宝蓝色、绿色、紫色等，从而形成"广珐琅"器物表面色彩斑斓、绚丽夺目的效果。由于"广珐琅"器的烧制，在工艺制作水平和制作的材料方面均要求很高，乾隆以后基本上停止生产，遗存下来的产品非常少，主要有面盆、攒盒、五供、瓶及一些钟表上的嵌片等。

7. 元末明初金属珐琅器

元末明初金属珐琅器，有掐丝珐琅和錾胎珐琅两个品种，但目前所见遗存实物仅有掐丝珐琅。从现存的元代作品来看，无论

图159　银烧蓝五蝠捧寿八方盒
清·雍正
高16.3厘米　长26.5厘米　宽18.5厘米
现藏北京故宫博物院

图160　广珐琅贴金锦袱纹瓶
清中期
高22.8厘米　口径7厘米　足径5.9厘米
现藏北京故宫博物院

是器物的成型、器身纹饰掐丝的娴熟，还是釉料的丰富多样、色彩的表现力等方面，均已达到很高的水平。可见，元代刚刚传入的珐琅工艺，此时已是技艺不凡了。

元末明初掐丝珐琅器的器型种类比较简单，主要是一些瓶、炉、罐等宫廷陈设和生活方面的用具。珐琅颜色主要有浅蓝、红、黄、白、紫、草绿、墨绿等几种，特别是葡萄紫、宝石红和草绿等几种颜色的珐琅釉，更显鲜艳醒目。珐琅质地细腻洁净，釉面异常光亮，给人一种晶莹剔透，似水晶般的透明感。

元末明初掐丝珐琅器的一大特点是图案纹饰多以缠枝莲花纹为主题。具体装饰手法是以单线技法勾勒枝蔓花朵轮廓线，在串联的枝叶间点缀数朵盛开的大莲花头，枝叶伸展流畅，并衬托以小的花苞，莲花头饱满充实。布局疏朗，花纹线条奔放有力。器物的颈下或足上常常以莲花瓣或垂云开光等纹饰作为花纹主题的陪衬，起到一种既稳定又显富丽的作用。这种装饰手法也常见于同一时期的瓷器、漆器和金银器上。例如掐丝珐琅象耳炉，作鼓腹圆形，铜镀金双象首卷鼻耳。颈部以浅蓝为地饰黄、白、紫、红四色菊花十二朵，腹部以宝蓝色珐琅为地，掐饰红、黄、白色缠枝莲花六朵，腹下部饰一周莲瓣纹。

元末明初掐丝珐琅器的图案主题，除缠枝莲花纹外，也有其他图案内容，但数量很少。如掐丝珐琅玉壶春瓶，以蓝色珐琅为地，通体装饰小朵菊花和梅花纹，图案的内容题材新颖，有别于同时期以莲花纹为主题的装饰手法，风格独特。

元末明初掐丝珐琅器所用的珐琅料，在得到考证确认的可断代的明清掐丝珐琅器中均未见到。联系有关“大食窑”记载，估计这种珐琅原料是舶来品，而非中国所自产。即13世纪下半叶，元蒙军队入侵西亚，阿拉伯地区的一些珐琅工匠被掳到元大都（北京），他们不仅带来了烧制珐琅器的技术，也带来了烧制珐琅器所用的珐琅原料。这些作品就应是用此料并在阿拉伯工匠的指导下制成的。

图161　掐丝珐琅象耳炉
元
通高13.9厘米　口径16厘米　足径13.5厘米
现藏北京故宫博物院

图162　掐丝珐琅玉壶春瓶
明·洪武至永乐
高27.1厘米　口径7.4厘米
现藏北京故宫博物院

8. 明代金属珐琅器

　　明代金属珐琅器，出现了新品种錾胎珐琅。如现收藏于北京故宫博物院"宣德年造"的缠枝莲纹小圆盒，是目前所见最早纪年款的錾胎珐琅实物，也是目前可以确认的明代錾胎珐琅器的唯一实物。圆盒胎体厚重坚实，造型朴实圆润。盒盖面及立壁錾刻缠枝莲花纹，线条粗犷豪放，图案布局规整疏朗，珐琅釉料色调稍显灰暗。掐丝珐琅仍是明代金属珐琅器的主要品种，不同时期的作品有一定的差别。

　　宣德时期的掐丝珐琅器，铜胎制造一般比较厚重，成型规整，一丝不苟，造型朴实无华，具有自然而庄重的特征。铜镀金装饰与器物造型的配合相得益彰，更加突出整体效果。器物种类在元末明初基础上又有所增加，主要有炉、瓶、碗、盒、觚、尊、盘等。一般以浅蓝色珐琅作地色，也有白色珐琅地，但为数很少。用宝石蓝、宝石红、黄、绿、紫、白等颜色珐琅装饰图案，浓郁醇厚，色彩纯正，表面蕴亮，不似元末明初时期的晶莹透亮。装饰图案继承元末明初时期的特点，仍以缠枝莲花作为主题纹饰，并用单线技法勾勒枝蔓，以串联形式连接花朵，大花大叶，花心常呈桃形，图案布局舒朗，掐丝活泼。此外，龙戏珠纹、蟠螭纹等也有出现。

　　宣德掐丝珐琅器上出现款识，成为中国金属掐丝珐琅器生产具有纪年款识的开始。款识有两种，一是在器身用珐琅釉烧成，一是在器底或口沿铜胎上铸或刻款。款字有"宣德年制""大明宣德年制""大明宣德御用监造"等几种。款字以楷书居多，间有隶书和篆书。

　　有"景泰年制"款的掐丝珐琅器存世数量较多，但经研究，其中的许多是利用早期遗存的旧器重新改制而成，也有部分是后世慕名仿造改款的，真正的制于景泰年间的珐琅器数量并不多。其中比较近似景泰风格的作品如掐丝珐琅花蝶纹香筒，筒外部以深蓝色釉为地，颜色略显灰青，用珊瑚红、草绿、深蓝、姜黄和甜白等彩釉描绘花蝶，与元末明初及宣德时期的图案式装饰方法迥

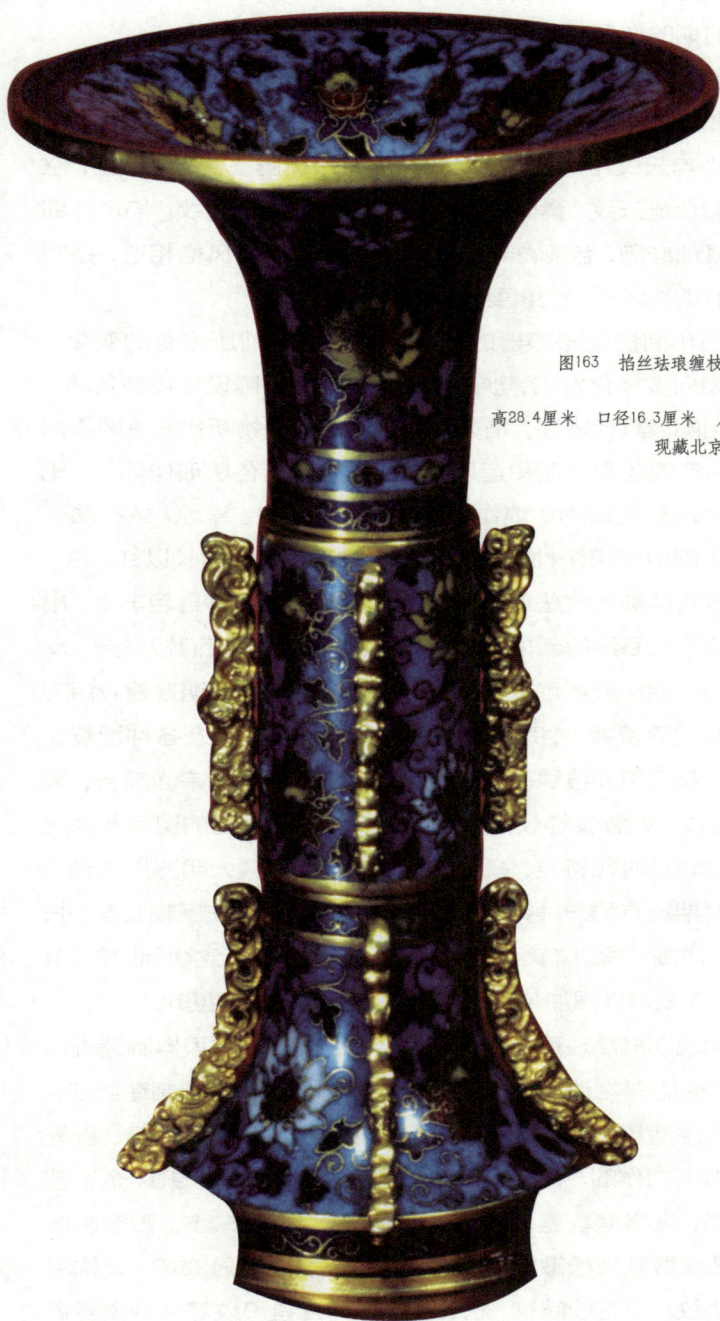

图163　掐丝珐琅缠枝莲纹出脊觚
明·宣德
高28.4厘米　口径16.3厘米　足径9.8厘米
现藏北京故宫博物院

异。珐琅釉色不够纯正，表面缺乏光泽，填釉虽然饱满，但多细小砂眼，也不同于元末明初及宣德器，属于宣德之后、万历之前的过渡时期的作品。

嘉靖掐丝珐琅实物存世罕见，国内能够确认的仅有北京故宫博物院收藏的具嘉靖年款的云龙纹盘一件。此盘浅蓝色珐琅地，以掐丝小勾云纹作锦地，盘内底一黄龙蜿蜒腾飞，神态威猛，空间缀以彩色流云纹，盘内边及盘外边饰凤鹤和游龙纹。掐丝纤细流畅，填釉准确，色彩鲜艳，与万历年间的作品风格相近，是断定这一时期掐丝珐琅的重要标志器。

万历年间掐丝珐琅器的生产和制造出现前所未有的变化。器物造型向多样化发展，涉及当时宫内生活、陈设等诸多角落。其中以用端最具代表性，是这时期掐丝珐琅器物断代的主要依据之一。珐琅的色彩搭配和运用上，除继续以蓝色珐琅作地外，比较盛行以浅淡色调的珐琅作地，新出现如白地、绿地，或在同一件器物上同时使用两种或两种以上的珐琅色地，擅长以红、白、黄、绿等几种颜色的珐琅装饰图案。珐琅颜色品种日趋丰富，出现如豆青、松石绿等新的色釉，色彩鲜艳饱满，表面较光洁，反映出万历时期珐琅烧炼工艺的进步。装饰图案上前期普遍应用的缠枝莲花纹显著减少，取而代之的是龙戏珠、瑞兽及各种折枝花卉纹，以双线勾勒技法表现。由于嘉靖、万历年间宗教盛行，因此，八宝纹、如意纹等纹饰频繁出现在掐丝珐琅器的图案装饰之中。年款颇具时代特点，多为六字款，其中以"大明万历年造"为这一时期特有的一种款识形式。所镌部位一般在器物底部，长方框栏，周围并缀以掐丝彩色如意纹，款识多以掐丝填釉形式镌成，这种在款识外围加装饰的方法是其他时期所不见的。

明代晚期掐丝珐琅器的烧制水平有所下降，珐琅器制造进入相对低谷期。器物造型有一定的变化和增加，生产和制造如缸、匙等日常生活用具，并继承明万历时期"仿生"即用鸳鸯、狮等动物原形而制作的"仿生"掐丝珐琅器。铜胎减薄，铜镀金工艺质量下降，光泽度较差。珐琅灰暗无光，且砂眼较多。图案装饰繁缛，又显得较为松散零乱，不够规整，掐丝略显潦草。装饰主题有云鹤纹、灵芝仙鹤纹、松竹梅纹、荷鹭鱼藻纹等各种寓意福

图164 掐丝珐琅甪端
明·万历
高36.5厘米
现藏北京故宫博物院

196
197

寿吉祥纹饰。此外，将文字与花纹相结合也是这时期具有典型时代特点的图案装饰方法。

【名家点金】

对有宣德款的器物，不能单靠款识断代，还要视其纹饰、釉色特点，进行综合性分析，方可鉴别出其准确的时代。有些器物虽然没有年款，但根据宣德时代珐琅的基本特征和风格，仍可判定是宣德或宣德以前的明代早期制品。如此鉴定出的真器，则可为鉴别宣德款珐琅器的真伪提供重要的依据和实物例证。

——工艺品鉴定家　李久芳

9.清代金属珐琅器

清代金属珐琅器生产取得了重大发展，掐丝珐琅仍很兴盛，錾胎珐琅得到发展，还出现了画珐琅、透明珐琅等新品种。宫廷造办处珐琅作和广州成为生产珐琅器的两大基地，产品代表着清代金属珐琅器生产的最高水平。

康熙朝掐丝珐琅器的生产，大致经历早、中、晚三个发展阶段，并以细丝粗釉、粗丝淡釉和匀丝浓釉等三种不同的风格类型为其代表。细丝粗釉基本是以明代掐丝珐琅器为样板烧制，多为浅蓝色珐琅地，以缠枝莲花纹为主题图案装饰，掐丝纤细，线条刚劲流畅，但不甚工整。粗丝淡釉掐丝线条粗壮，一般以浅蓝色珐琅为地，纹饰间并填施红、黄、白、绿等珐琅，质地细腻洁净，色调明快淡雅。图案装饰内容题材较为简单，有缠枝莲、菊石纹和桃蝠纹等。器型多是一些小圆盒、小瓶等小件器。匀丝浓釉是在细丝粗釉和粗丝淡釉工艺类型的生产基础上，经过不断的摸索和实践制造出的，是一种成熟的标志。掐丝均匀细腻，一丝不苟，纹饰线条自然流畅，并多以双线勾勒技法表现图案花纹，掐丝技法熟练，图案布局规整，珐琅质地精细，色彩纯正，表面略显光亮，反映出珐琅质量和打磨技术的提高。

康熙朝画珐琅以康熙五十年（1711年）为界，可分两个阶

图165　掐丝珐琅五轮图梅花式大缸
明晚期
高57.6厘米　口径88厘米　底径62厘米
现藏北京故宫博物院

图166　掐丝珐琅缠枝花纹乳足炉
清·康熙
高10.1厘米　口径14厘米
现藏北京故宫博物院

段。康熙五十年以前是中国画珐琅器生产的初创阶段，工艺尚未成熟。胎体厚重，器物造型简练，器形品种单一，多为一些实用性器具。珐琅施用浓重，表面不够平滑，色彩暗淡，绘饰效果似早期粉彩瓷器。图案内容题材简单，多为山水人物画，用笔飘逸洒脱，不尽工致，少见装饰性图案纹样。康熙五十年以后，画珐琅工艺步入成熟和发展期。胎体薄，成型规整，珐琅质地细腻温润，气泡基本消失，表面平滑，色彩鲜艳明快。珐琅釉料的颜色品种有早期的五六种增加到十二种之多。地色除白色地外，更为盛行的是黄色地。

雍正朝掐丝珐琅的生产在宫廷文献有所记载，但实物中很少见到有雍正年款的，目前还不能从遗存的无款或仿款器中将其识别出来。

雍正朝画珐琅生产取得重大突破，特别是雍正六年试制成功新的珐琅颜色达二十余种，极大的丰富了珐琅颜色品种，为乾隆时期画珐琅工艺乃至金属珐琅器等其他工艺品种的全面发展奠定了基础。这一时期画珐琅的地色除康熙时期的黄、白色外，更盛行用黑色珐琅作器物的地色来衬托图案纹饰。图案装饰设计上，出现如百花、绣球花等新的装饰花纹。器物造型风格各异，有别于其他时代，如天球瓶式冠架、佛教供器中八宝之一的法轮，以及卤壶、六颈瓶、渣斗，一些仿动植物造型器如桃式洗等。

乾隆朝是掐丝珐琅器生产的鼎盛时期。继承并发展康熙晚期成熟的匀丝浓釉制作工艺，以双钩技法勾勒图案花纹，图案布局严谨规整，从设计到制作一丝不苟。珐琅原料由造办处珐琅作烧炼，还有广州及进口的西洋釉料。质地细腻，色彩纯正，但均不透明。色彩品种丰富，最典型的珐琅颜色是用上等的纯金叶为着色料，加入镪水和硇砂烧炼而成的粉红色釉料，可作珐琅器断代的重要依据。铜胎制造厚重，镀金光亮，灿烂夺目，充分展示出皇家的富贵气派和金碧辉煌的艺术效果。品类繁多，有仿景泰器，仿先秦青铜钵、尊、觚、炉、提梁卣等造型的仿古器，用于宫殿陈设的屏风、宝座、仙鹤、熏炉，用于宫廷祭祀活动的七珍、八宝、五供、佛塔等，涉及日常生活中的掐丝珐琅物件则更为广泛，有碗、盘、瓶、盆、罐、轴头、如意、鼻烟壶，以及烛台、文

图167　画珐琅牡丹纹花篮
清·康熙
高13.6厘米　长18.7厘米　宽14.9厘米
现藏北京故宫博物院

图168　画珐琅油壶
清·雍正
高13厘米　口径3.1厘米　足径4.1厘米
现藏北京故宫博物院

房用具中砚箱、笔架、墨床、笔杆、水丞等，可以说涉及宫内生活的各个角落。

乾隆朝掐丝珐琅器，广州、扬州等地生产的与造办处生产的风格有差异。广州掐丝珐琅器，掐丝生动活泼，珐琅质地细腻，更多以浅淡颜色的珐琅，如天蓝色、草绿色等装饰图案，色调明快。受西方珐琅器题材装饰的影响，常见大卷叶西蕃莲纹。扬州掐丝珐琅器，器物造型标新立异，有天球瓶、桌灯、动物形尊等。图案装饰变化多端，与内廷珐琅作和广州风格截然不同，掐丝技巧娴熟，线条匀细流畅。珐琅色彩基调多为冷色，对比强烈。

乾隆朝錾胎珐琅器，宫内造办处珐琅作和广州等地均可烧造。北京内廷制造的錾胎珐琅器，胎体厚重，器物造型淳厚朴实，镀金光亮，充分显示出皇家风范。广州錾胎珐琅器生产数量和产品质量均居首位。受欧洲珐琅制作工艺的影响颇深，釉料浅淡典雅，釉质细腻洁净，与内廷制作的风格不同，具有明显的广东地方特色。金属雕錾技法精熟，起线粗细均匀，如行云流水般酣畅自然。图案题材广泛，有传统的夔龙、夔凤、拐子、回纹、万字不到头、如意云头、兽面纹等，也有受西方装饰风格影响而盛行的西蕃莲纹等。

乾隆朝画珐琅实物遗存丰富多彩，作品风格各异，有仿康熙、雍正两朝画珐琅风格的，有以欧洲画珐琅器造型和西洋妇婴图、风景画题材为样款的，有仿青铜器、瓷器、镶嵌等其他工艺的，还有仿动物、植物等造型的。用途广泛，大到家具、塔龛，小至轴头、烟壶，从祭祀所用五供，陈设用尊、瓶，到日常生活中用的罐、盆、手炉等，涉及宫内生活各个角落。产地主要有宫廷造办处和广州两地。宫廷造办处作品带有浓厚的皇家生活气息。器物造型沉稳规范，胎体较厚重。珐琅质地细腻洁净，表面温润，颜色纯正。图案设计一丝不苟，画面布局工整严谨。图案内容题材有许多是由皇帝钦定，或是以皇家如意馆画稿为蓝本，画工精致。广州作品更多地借鉴欧洲画珐琅器的制作风格，构图多用欧式大卷叶纹，或是以西洋风景人物画为题材，绘饰图案。胎体的制造较薄，器物造型不拘一格，新颖别致。珐琅色彩艳丽明快，对比强烈。

图169 掐丝珐琅凫尊
清·乾隆
通高30.5厘米
现藏北京故官博物院

202
203

乾隆朝还盛行复合珐琅器，即在一件作品的装饰中，除运用掐丝起线技法外，还使用雕錾起线等其他技法。一般以一种技法为主，其他技法兼用。这种珐琅器在广州地区生产较多。

清代金属珐琅器在乾隆之后逐渐衰退。嘉庆朝作品在图案、掐丝技法和珐琅色彩的运用方面，基本是在维持和模仿乾隆晚期的制作风格，已经没有多少新的创意了。道光二十年（1840年）鸦片战争爆发以后，内廷珐琅作形同虚设，基本陷于停产状态。在遇"万寿"等宫廷庆典节日时，勉强制作一些掐丝珐琅，但已找不到昔日的辉煌了。因珐琅器受到西方人的喜爱，成为出口产品，刺激了民间珐琅作坊的生产。清晚期及民国时，北京先后成立许多商业作坊，如"老天利""志远堂""洋天利""德兴成"等以及"大清工艺局"和"印铸局"等官营企业。出于商业利润需要，民间制品胎体轻薄，造型多为瓶、笔筒等实用性器物，由于采用机械拉丝，因此掐丝线条均匀细腻，在色彩运用上，为迎合西方人口味，有意追求一种晕染效果，颇具西方作品的韵味。

【小辞典·仿景泰器】

指以明景泰时期的掐丝珐琅器为样款所烧制的器物，并镌刻景泰年制款识。仿景泰珐琅，一般仅重款识，在器物造型、图案掐丝技法以及珐琅质地和色彩的运用方面，均缺乏明代掐丝珐琅的特点。

图170　画珐琅海棠花式瓶
清·乾隆
高50.5厘米　口径16厘米　足径14厘米
现藏北京故宫博物院

五　玻璃器篇

中国古代玻璃是在青铜冶炼中偶然产生的，而且在很长一段时间内一直是玉器的代用品，处于低微的从属地位，汉代以后玻璃开始出现独立萌芽。魏晋南北朝以后中国玻璃工艺逐渐进入了发展的成熟期，成为一门独立的工艺，唐宋以后获得更大发展，至清代达到高峰，不仅产量大，工艺精，装饰美，而且形成了北京、博山、广州三个生产中心，使中国玻璃生产独步于世。

1. 什么是玻璃？

玻璃是由矿物经冶炼成液体后，再经成型工艺而形成的独立物质。名称很不确定。最早称为"璆琳"，后音转为"流离""琉璃"，东汉称为"璧琉璃"，南北朝时写作"玻黎""玻璃"，宋代称"药玉"，元代改称"瓘玉"，明代又变成"烧料"，一直到清代才有了正式与低温釉陶——琉璃分道扬镳的学名"玻璃"。

玻璃成分配方主要包括基本原料、助熔剂和着色剂。基本原料是二氧化硅，约占40%以上。助熔剂多种多样，区分不同类别的玻璃就是以此为划分依据，它包括氧化钠、氧化钾、氧化铅、氧化钡、氧化钙等。着色剂是利用金属或非金属元素的不同显色性，根据所需成品颜色而选用的各种元素，如铜、铁屑、画碗石、赭石、锰等。除这三部分之外，玻璃配方还包括脱色剂、澄清剂、乳浊剂等，它们共同决定了成品玻璃的表面颜色、光洁度和透明性等性质。

中国古代玻璃的质地从总体上说似乎并无一个统一而稳定的配方成分，但在具体的朝代确又存在着相对稳定的配方。根据配方的不同，中国古代玻璃可以划分为铅钡玻璃、高铅玻璃、钠玻璃、钾玻璃、钠钙玻璃等几类。铅钡玻璃是助熔剂采用氧化铅和氧化钡的玻璃，是中国最早的玻璃品种，流行于西周至汉代。随着时代的演进，氧化钡的含量逐渐降低，直至消失。高铅玻璃的助熔剂成分主要是氧化铅，并且不含氧化钡，有时候氧化铅含量可以高达60%，流行于魏晋南北朝到唐宋时期。钠玻璃助熔剂成分主要是氧化钠，且不含钙，流行于魏晋南北朝到唐代。钾玻璃的助熔剂成分以钾为主，是中国自产的一种玻璃，最早出现于汉

图171　金星玻璃天鸡式水盂
清·乾隆
长21.5厘米　高15厘米
现藏北京故宫博物院

图172　套料荷花纹缸
清·乾隆
高12.4厘米　口径16.7厘米
现藏北京故宫博物院

代，在宋代较多，至清代时仍有，而且多在南方地区，如云南、广西等地生产，有人称之为"南海玻璃"。钠钙玻璃的助熔剂成分为氧化钠和氧化钙，一般认为中国不生产，都是西方舶来品。中国自产的是偶然性产物，生产时间并不固定，早至春秋战国晚至清代，都有零星发现。除以上所介绍的几种玻璃之外，还有钾钙玻璃、钾铅玻璃、钠铅玻璃、铅钠钙玻璃和钾铅钠玻璃等等，品种繁多，所占比例较少，而且基本上是上述几大类玻璃品种的派生品，因此，其流行时间及特点更加复杂而不确定。

玻璃器在中国的发展有悠久的历史，但地位不高。西周至汉代中期，玻璃器一直是玉器的代用品，处于低微的从属地位。汉代以后出现独立萌芽，魏晋南北朝终于自立门户，但仍有相当一部分器物，如玻璃珠、管还是作为玉石的代用品。唐宋以后是中国古代玻璃器的大发展时期，尤其是清代玻璃器取得了令人瞩目的成就，玻璃器的地位才得以提高。

2. 套料玻璃

套料是一种创于清代的玻璃装饰方法。制作方法是用一种颜色的玻璃先制作出器形，然后用其他颜色的玻璃料经过加热贴于器上，有的是直接贴出花样，有的则是先贴上颜色料，然后再用刻花的方式雕镂出图案。套料可分为白受彩、彩受彩、彩受白，又可分为套二彩、套三彩、套五彩等多个品种，另外，依据颜色和工艺又有兼套、素套、刻花套料等众多的品类。清代的套料作品非常多，以早、中期为佳，晚期多色彩杂乱无章，工艺水平也较低。

清代赵之谦《勇庐闲诘》记载："时（康乾之时）天下大定，万物殷富，工执艺事，咸求修尚，于是列素点绚，以成文章，更创新制，谓之曰套。套者，白受彩也，先为之质曰地，则玻璃砗磲珍珠，其后尚明玻璃，微白，色若凝脂，或若霏雪，曰藕粉。套之色有红有蓝，更有兼套曰二彩、三彩、四彩、五彩或重叠套，雕镂精绝。康熙中所制浑朴简古，光照艳烂若异宝。乾隆以后，巧匠刻画，远过詹成，矩凿所至，细入毫发，扪之有棱。"文中详细记载

图173　红地套蓝玻璃花蝶纹瓶
清·乾隆
高24.7厘米　口径7.7厘米
现藏北京故宫博物院

了套玻璃工艺的制作时间、康熙、乾隆时期套玻璃的不同风格以及套玻璃的不同种类。

清代康熙年间是套料玻璃的始创期，主要是白受彩，即用涅白玻璃作地来套饰其他颜色，而且套饰层数较少，基本上都是套单彩，彩受彩和多彩套在此时还不多见。

清中期尤其是乾隆年间，套料玻璃达到辉煌，多采用彩套彩，如红套蓝、红套黄、绿套红、宝蓝套绿等，兼套也明显增多，如黄地套青、红，白地套紫、黄、红等，多的可达一器有十余种颜色。例如白地套蓝玻璃缠枝莲纹碗，器体为涅白色玻璃制成，口沿套饰蓝玻璃弦纹一周，腹部套饰蓝玻璃开光缠枝莲纹，腹下近足处套饰蓝玻璃云头纹。又如红地套蓝玻璃花蝶纹瓶，器体为豇豆红色玻璃制成，外套以浅绿色玻璃为纹饰。

3. 内画玻璃

内画是清代晚期著名的玻璃装饰技法。所谓内画，就是在器物的内壁上绘画施彩，利用材质的透明性，使所绘纹图反衬出来。说它是画，其实也是一种雕刻方法，是将画意用工具磨刻在内壁上。内画技术可能源自于清晚期流行的反笔肖像画，就是在平面玻璃的背面依反视原理描绘人物肖像，然后利用玻璃的在正面观看。但是内画技术比反笔绘画要难许多，因为它需要在器物的内壁作画，器口一般极小，而且内画多为微雕。

内画主要见于玻璃鼻烟壶，涌现了一大批各有专长的艺术大师，较为著名的有周乐元、马少宣、叶仲三、丁二仲、毕荣九、孟子受等。

周乐元早年曾是制造纱灯和宫灯的画师，有较高的文化艺术修养。从事鼻烟壶制作之后，开创了内画鼻烟壶的一代新风。题材涉及广泛，山水、人物、花鸟、草虫无不精美，效仿古书画的布局立意，具有较高的艺术价值。以水墨山水花鸟见长，所绘作品一丘一壑、一草一木，皆生机盎然。最能代表其内画水平的是仿新罗山人的花鸟作品，如故宫收藏的一件周乐元款内画玻璃风雨行舟图鼻烟壶，壶腹通绘树、水、屋、人，一片风雨飘摇之中，渔

图174 黄地套五彩玻璃瓶
清晚期
高16.8厘米 口径1.5厘米
现藏北京故宫博物院

翁身披蓑衣，正欲启舟离岸。为了表现萧瑟风雨之意，画面处理成灰暗的冷色调，树和草均被风吹得弯向一侧，充满寒意。

马少宣是活跃于清末的鼻烟壶内画大师，一生勤奋，遗存内画鼻烟壶数量颇丰。所画内画鼻烟壶，皆一面绘，一面书，绘多人像，书学欧体。作品题材多样，以人物肖像和戏剧人物最为称绝。作品风格一改早期崇尚古法的流习，而刻意追求西洋油画的效果，因此，他所做的人物肖像透视、光线等处理得当，宛如照片，因而名震京师。另外他也有山水画和写意人物图等。

叶仲三的内画鼻烟壶以雅俗共赏著称于世。所绘题材山水、虫鱼、人物无所不包，尤以描绘中国古典名著、历史故事中的人物见长，常以《三国志》《红楼梦》《聊斋》《封神榜》中的人物为作品内容。善长用浓重的色彩描绘纹饰，以大红大绿为主，形成强烈的对比效果，具有浓郁的民族气息。

孟子受讲究重彩浓墨，丁二仲以气势磅礴的山水画意见长，毕荣九则多是家居小景等。例如毕荣九内画玻璃雄鸡牡丹图鼻烟壶，一面是雄鸡觅食，一面是牡丹盛开，温馨恬淡，给人非常亲切的感觉。

此外还有桂香谷、陈仲三、王习三、孙星五、薛少圃、张葆田、蒋之霖等等众多的内画艺人。他们共同创造了我国玻璃艺术最后的辉煌。

【小辞典 · 鼻烟壶】

用来盛装鼻烟的一种器具。质地多种多样，有金属、陶瓷、玉、竹木、玻璃等，其中玻璃质地的鼻烟壶最多，原因可能是因为玻璃器既晶莹剔透，又具有透明感，更适宜于作鼻烟壶。在清早、中期，玻璃鼻烟壶多为各种套料、单色玻璃，清晚期出现了内画玻璃鼻烟壶，而且盛行一时。

4. 中国最早的玻璃器

中国生产玻璃的历史悠久，早在商周时期，随着青铜冶炼业

图175　周乐元玻璃内画风雨行舟图鼻烟壶
清晚期
通高4.1厘米　腹径2.3厘米
现藏北京故宫博物院

图176　叶仲三玻璃内画鱼藻图鼻烟壶
清晚期
高6.8厘米　腹径3.1厘米
现藏北京故宫博物院

的兴盛发达，孕育了玻璃的诞生。

青铜是一种合金，是铜矿石经过冶炼而得。铜矿石中含有硅化合物，在冶炼排渣过程中会出现硅化合物结晶现象，而铜元素的呈色作用会使这些结晶物呈现蓝色，具有一定的美观性。这些结晶物引起人们注意，被收集起来，稍加加工作为装饰品利用起来，这或许就是最早的玻璃制品。经过不断的实践，这种偶然的、被动性的活动逐渐向有目的的、主动性生产方向转化，形成了早期的玻璃制造业。

目前发现中国最早的玻璃器是西周时期的，而且已经达到了一定的数量规模，仅陕西省宝鸡茹家庄强伯墓就出土了千余件玻璃管、珠，其他如陕西扶风、岐山、津西、张家坡，河南洛阳中州路、庞家沟、陕县上村岭、三门峡虢国墓地，山东曲阜等地，均有不同数量的玻璃管、珠出土。

通过对家庄强伯墓出土的玻璃器的初步检验，可知是由冶炼青铜的矿渣混合黏土低温熔炼而成，是含有铅、钡的早期玻璃器。它不同于西方的钠钙玻璃，也与春秋战国时期兴起的低温透明玻璃有所不同。

整体而言，西周玻璃器生产还处于非常原始、落后的状态下，器型种类除单纯的玻璃珠串之外，大部分都是玻璃管珠与玛瑙、绿松石、蚌、石、玉等共同组串成项链等装饰品。规整度较差，质地疏松，而且很少有主动加以纹饰的。但这种新工艺品种的出现对丰富中国传统文化的内容有重要意义。

5. 东周至两汉玻璃器

随着玻璃器生产的发展，玻璃生产逐渐从冶炼金属业中分化出来，进入战国以后形成了较为独立的专门手工业，技术得以提高，种类也开始增多了。

这一时期玻璃器的一大特征是仿玉，种类有玻璃珠、玻璃剑饰、玻璃器皿及玻璃装饰品。玻璃珠除圆球形、扁圆形之外，出现了六边鼓形、八棱形等多种形状，并且以蜻蜓眼玻璃珠为其典型代表。玻璃剑饰约出现于战国中期，并流行于战国晚期到西汉

图177 异形料珠
西周晚期
厚0.55厘米 外径1.1厘米
河南三门峡虢国墓地出土
现藏河南省文物考古研究所

图178 料珠
战国
径5.9厘米
1980年洛阳收购
现藏河南省文物商店

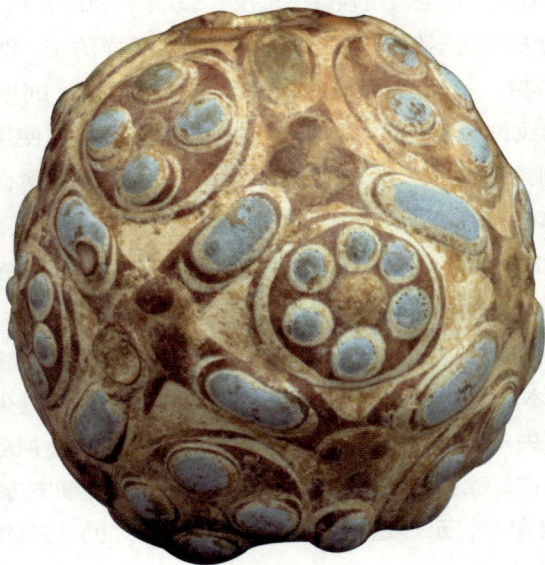

初年。例如战国玻璃鞘带扣，是附于剑鞘靠上端的饰物。白色玻璃制成，上视为扁平长条形，两端微微向下内卷，侧视在内面下靠近一端附有一长方形穿孔。

玻璃装饰品主要有璧、璜、耳珰、带钩、衣片等等。璧是玉礼器中的重器，随着战国玉璧的饰品化出现了仿玉的玻璃璧，特点是战国早期薄而小，中晚期多厚而大，而汉代的玻璃璧较战国形制规整，璧体的圆度较好，厚度比较均匀，光洁程度较好。玻璃耳珰出现于西汉，结束于东汉，是一种喇叭状或束腰鼓形的耳部装饰品。带钩是一种勾状的腰带连结器，多以金属、玉器制作，1954年广州出土了一件西汉玻璃带钩。值得注意的是，玻璃带钩虽然多见于汉代，但在战国时的金属带钩上就已经有镶嵌玻璃块的。

玻璃容器出现于汉代，是较为独立的玻璃品种。它的出现是中国玻璃发展史上的一大突破，此后玻璃陈设品和生活用具逐渐占据了玻璃器型的主流，引发了玻璃制造业的大发展。汉代的玻璃容器品种较少，只有碗、盘、耳杯、杯等，而且数量很少。1968年河北省满城西汉中山靖王刘胜墓出土了玻璃盘、玻璃耳杯；广西合浦县风门岭东汉墓出土了一件弦纹圜底玻璃杯。这几件器物器型规矩，色泽匀净，但是杂质较多，是汉代玻璃容器的代表。

这一时期的玻璃器不仅器型上仿玉，纹饰也同样仿玉。例如谷纹、蒲纹、柿蒂纹、云纹、蟠螭纹、兽面纹等都是这一时期玉器上广泛使用的纹饰，而玻璃器也在相应的仿玉器上移植使用。如柿蒂纹用于剑首，取其"木中根固，柿为最"的坚固之意，谷纹、蒲纹则结合用于玻璃璧和璜上，螭虎纹用于剑饰等。

这一时期玻璃的成分没有大的改变，基本上还是铅钡系统的低温玻璃，含铅量和含钡量偏高，"色甚光鲜，而质则轻脆"。产品以自产为主，少量为外国或西域等地的舶来品。铅、钡含量比例不断变化，基本上是氧化钡含量随着时间的推移而逐渐减少，到汉代以后就消失不见。因此，含有氧化钡是西周到汉代中国玻璃器最突出的特征。除主流的铅钡玻璃外，钠钙玻璃、钾玻璃、钾硅玻璃等同时存在，尤其是东汉时期钾玻璃在广西、云南等地的崛起，导致了岭南地区钾玻璃在宋代以后的流行。至于战国

图179　黄琉璃琮
新莽
高2.3厘米　口径6.3厘米
传广东汉墓出土
现藏中国国家博物馆

图180　玻璃瓶
东汉
高13.6厘米　腹径7.2厘米
1987年河南洛阳东汉墓出土
现藏洛阳市文物工作队

时期部分地区出土的钠钙玻璃，由于没有足够的证据，因此不能肯定是自产还是外来。但是鉴于中国玻璃配方长期的不稳定性，因此，不排除少数钠钙玻璃为中国工匠自产，大部分则或是舶来品，或是中国工匠利用外来技术制造，或是外来工匠在中国制造。

外来的玻璃器，造型、装饰、成分等与中国自产的玻璃器有明显不同。典型的如1987年河南洛阳东汉墓出土的玻璃瓶，吹制成型，在深褐、橘黄、绀青、暗紫之不规则的地色中缠绕乳白色线纹，又由于表面有风化层，浮现出闪烁的金黄色光泽，斑驳绚烂，非常美观，是一件典型的罗马搅花玻璃器。又如广西贵县出土的东汉时期的碧琉璃杯，色呈淡绿色，表面经风化变乌，腰部有三道凸起弦纹装饰。经分析属钠钙玻璃，与罗马玻璃成分相符，被认为是东汉时期由罗马传入我国的。

【小辞典·蜻蜓眼】

所谓蜻蜓眼，是指玻璃珠上的装饰类似蜻蜓眼而得名。一般是在珠体表面饰以数个白色、深蓝色等颜色组成的类同心套环，套环中心略高于四周，呈凸起状态，有的还在各个套环之间用小连珠串似虚线般交叉分隔开来。如1978年在湖北省随县擂鼓墩曾侯乙墓出土的蜻蜓眼玻璃珠串，就是其中的佼佼者。蜻蜓眼玻璃珠在西汉中期以后被单色玻璃珠取代而消失了。

6. 魏晋至明代的玻璃器

魏晋南北朝开始，西方玻璃器大量输入中国。相继在辽宁、北京、江苏、河北、宁夏等地发现了与中国传统造型、装饰艺术迥然有异的一批玻璃器。这些器物分属罗马玻璃、萨珊玻璃等系统，不仅成分为钠钙玻璃、钠铅玻璃，而且造型别具特点。例如宁夏固原北周李贤墓所出土的玻璃碗，通体碧绿色，直口、圆底、矮圈足，外壁饰四周突起的圆圈，上八下六，呈错位方式排列，底部则为突起的凹球面。

随着外来玻璃器大量输入中国，影响了这一时期玻璃器的传统造型。如瓶、壶的口多为卷唇，形制小巧，体外表面多有堆塑图案。代表作如陕西省临潼庆山寺舍利塔塔基出土的一件唐代网纹玻璃瓶，瓶体为白色，表面罩有一层黑物，口外侈，颈短而直，腹部隆起如球状，外饰凸起网格纹，具有明显的异域风格。又如河南密县北宋塔基出土的高颈玻璃瓶，瓶体为球形，没有肩部，颈部处理比较特殊，除口为卷唇外，还在颈部中间饰凸起的一周圆环状物，看起来就象一个短颈卷唇瓶口中又含着一个瓶颈一样，这是宋代玻璃器外来风格的一种体现。

受外来影响，这一时期玻璃器上出现了一些异域纹饰。例如陕西法门寺地宫出土的四瓣花蓝琉璃盘，盘面刻满纹饰，以细密的平行线为地，主题纹饰以双线勾勒出的十字形框架，其四出部分与方框组成一个默赫拉巴纹样，其内刻出一朵无花果叶，中间方框内刻饰虚实相间的小斜方格，具有典型的伊斯兰风格。

值得一提的是，虽受外来影响，但中国传统文化仍深深植根于这一时期的玻璃器中，因此出现了许多具有浓厚传统特色的玻璃器。例如陕西法门寺地宫出土的描金波叶纹蓝玻璃盘，盘面纹饰构图均用花叶组成，由内到外分作四重，花叶渐小，数量倍增，最内两重各为四瓣，再外依次为八瓣和十六瓣，边饰为一圈阴、阳相间的花叶，整个构图犹如一朵大团花，具有浓烈的大唐风格。又如江苏苏州元末张士诚母曹氏墓出土的玻璃圭，形制完全仿造夏商周三代时期的重要玉礼器——圭，还有扬州梅花岭明代史可法衣冠冢中出土的一套玻璃带板，也是中国传统的器物。

在舶来品的影响下，这一时期玻璃器的成分发生重大改变。国外传入的玻璃器大多是钠钙玻璃，但中国并没有采纳这种配方，也没有延续前代的铅钡玻璃系统，而是在传统的基础上产生了新的玻璃配方，即不含钡的铅玻璃和碱玻璃。这种改变也不是一蹴而就的，大约经过了三国、西晋、东晋的过渡，到了魏晋南北朝中晚期的时候才逐渐完成，并延续到后来的隋唐和宋代。

随着外来玻璃器输入中国，一些先进的玻璃制造技术包括吹制法也随之传入，带动了中国玻璃制造业的革命性变化。吹制法俗称"吹大泡"，是利用空气的流动性和压力性，借助特制的工具将玻璃熔液吹成空泡而成型的一种专门工艺。它需要吹筒、剪刀两种必备工具，吹筒有玻璃和铁制两种，用来蘸取玻璃熔液并向熔液吹气；而剪刀则是辅助工具，利用引、裁、拗、突、抑等多种复杂动作辅助器物成形。吹制法产生以后，取代范铸法成为玻璃器制作的主要成型工艺。大约在北魏的时期吹制法已应用于中国自产玻璃，但早期的吹制法作品多瓶形不规矩、气泡较多、厚度不均匀，例如1964年出土于河北省定县华塔塔基的一件玻璃瓶，是中国早期吹制玻璃器的代表作品，造型属于中国传统风格，器壁较薄，仅0.1厘米，但瓶形朴拙，不规整，成型工艺尚显幼稚。唐宋以后吹制法比较成熟，至清代达至顶峰。

随着玻璃配方的改进和吹制工艺的成熟，这一时期玻璃器的实用性大大增强。生活用品类器物早在西汉时期就已出现，如广州一座西汉木椁墓中出土的三个玻璃碗。其后类似用具开始增多，唐宋时期尤多，许多诗歌中皆有赞咏。具体品类包括碗、杯、瓶、盘、钵、酒盅、罐等。陈设品类器主要包括鼎、瓶、葫芦、花盆、雕像、尊、觚等，出现时间晚于生活用具类，大约在南北朝时期，在唐宋以后获得飞速发展，出现了许多前所未有的创新形制，例如1966年秋在河南密县北宋塔基出土了五十余件玻璃器，其中有壶形鼎、瓶、椭圆形卵形器、宝莲形器等，制作相当精致。

这一时期玻璃器的造型在先进成型工艺的支持下更加丰富，有动物形、植物形、几何形等。动物造型的如辽宁北票冯素弗墓出土的鸭形玻璃器，体似鸭形，流如鸭嘴状，长颈鼓腹，拖一细长尾。背上以玻璃条黏出一对雏鸭式的三角形翅膀，腹下两侧各黏一段波状的折线纹，象征双足，十分生动。植物造型的如甘肃漳县元汪世显家族墓出土的莲花玻璃托盏，盏呈七瓣莲花形，托呈八瓣莲花状，非常精美。几何造型的如浙江省衢州市南宋史绳祖墓出土的方胜饰件，作镂空方胜形，为两个菱形交叉相接，每个尖角处均有一个圆环。此外还有两种器型结合成一种的新器型，最具代表性的是1966年秋河南密县北宋塔基出土的玻璃壶形鼎，将壶与鼎相集合，足为鼎足，而鼎体和口则为球腹壶的造型，极具新意。

图181　鸭形玻璃器
十六国
长20.5厘米　腹径5.2厘米
1965年辽宁北票冯素弗墓出土
现藏辽宁省博物馆

图182　网纹玻璃杯
北魏
高6.7厘米　口径10.3厘米
1948年河北景县封氏墓出土
现藏中国国家博物馆

图183　四瓣花蓝琉璃盘
唐
高2.3厘米　口径20厘米
1987年陕西扶风法门寺地官出土
现藏法门寺博物馆

7. 清代玻璃器

清代玻璃器制造呈现繁荣局面。质量显著提高，生产规模扩大，专业化程度提高，形成了以北京、山东博山和广东广州为中心的三足鼎立的生产格局。北京的玻璃生产可以分为两个阶段，乾隆之前主要是清宫玻璃厂，始建于康熙三十五年，归属清宫内务府养心殿造办处管辖，专为宫廷皇族生产精美的玻璃器。嘉庆以后，清宫玻璃生产跌入低谷，玻璃生产转变为以民营作坊为主。博山玻璃的历史最早可以上溯到元代中晚期，产品比较注重颜色美、质地纯，而对造型和纹饰的要求并不很高。广州玻璃中的仿西洋玻璃大受推捧。

清代玻璃制造工艺超越前代。玻璃配方成分出现多样性，既有较传统的钾铅玻璃、钠铅玻璃，又有具有西方特点的钠钙玻璃，而且占有的比例不相上下。一般来说，山东、北京的民间玻璃产品多趋向于传统配方，而清宫玻璃厂的产品则多出现西方玻璃配方成分较重的作品，这与西方传教士直接参与清宫玻璃厂的日常生产有很大的关系。

清代玻璃的成型工艺发展到了技术上的颠峰。原有的模铸法继续沿用，但是有了非常大的改进，一般都是采用失蜡模铸，就是先采用石蜡制出器形，然后利用蜡模翻制出石膏模或陶模等材质的模具，再进行玻璃溶液的灌注，这样就可以得到造型细腻而复杂的玻璃器，避免了早期模铸玻璃器形制简单、做工粗糙的缺点。吹制法达到炉火纯青的地步，吹出的玻璃器形状规整，厚薄均匀，气泡极少，而且造型多姿多彩。除了模铸法和吹制法之外，针对不同的器物造型，清代还存在另外一些成型工艺。例如滴凝法是用来制作围棋子，戛悠法用来制作珠子，缠泻法用来制作小珠、条珠，而拧丝法则用来制作仿条、筷子等产品。装饰工艺多而精湛，常见的有刻花、磨花、描金、描彩、错彩、搅胎、套料、贴花、堆彩、抛光、内画等。

康熙朝玻璃器以套料和单色玻璃的生产最为突出。套料作品主要是白受彩，套饰层数较少，基本上都是套单彩。单色玻璃有

图184　莲花玻璃托盏
元
盏口径8.6厘米　高4.8厘米
托口径12.5厘米　高1厘米
甘肃省漳县元汪世显家族墓出土
现藏甘肃省博物馆

图185　玻璃壶形鼎
北宋
口径3.1厘米　通高8.8厘米
1966年河南密县北宋塔基出土
现藏密县文化馆

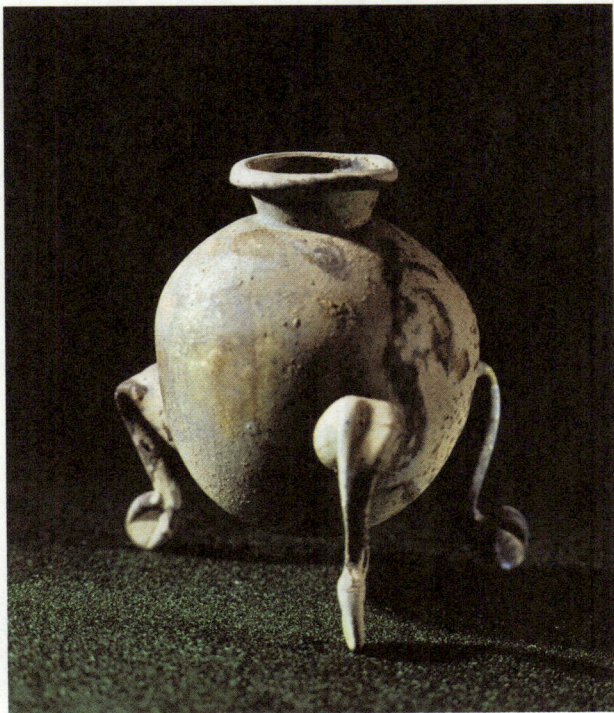

白、红、蓝、黑、绿等多种主色调，另外还有丰富的中间色调，例如白色就有砗磲白、珍珠白、凝脂白、霁雪白、藕粉白等不同程度的色调。玻璃器造型有大的突破，兼采玉、瓷器的精华，创造出全新的玻璃形制，如水丞、笔筒、鱼缸等。

雍正朝玻璃器生产基本上延续康熙朝的技术，没有大的创新，但在单色玻璃上又较前朝有了很大的进步，颜色更加丰富，纯度更高。单就颜色来看，雍正时期有葡萄色、红色、金珀色、涅黄、涅白、黄、翡翠绿、玛瑙红、琥珀蜜蜡黄、雄黄、亮蓝、蓝、霁蓝、亮紫等。造型上也较前朝更为丰富，据档案记载，计有杯、圆球钟、鸡鼓水注、轩辕镜、水丞、鱼缸、如意、笔洗、玻璃珠、把碗、水盂、渣斗、瓶、盒等，而且每种造型都有许多变化。例如笔洗有素玻璃笔洗、套红三足笔洗、马蹄腿笔洗等。

乾隆朝玻璃器生产进入高度发达的极盛期。生产数量急剧增加，技法多样而精湛，套料多采用彩套彩，兼套也明显增多，多的可达一器有十余种颜色。另外，夹金、夹彩、搅胎、描金、刻花等技法均已得到熟练而广泛地应用。器物的造型多姿多彩，从纯粹的装饰品到实用器，从陈设品到礼制用器，都得以全面发展。而且具体的形制也融汇了多种工艺品造型的精粹，例如珠、管、簪子、鼻烟壶、碗、杯、瓶、香炉、扇子等，无不齐备。主流风格为华丽繁缛，也存在一些比较素雅大方、清朗质朴的作品。

清晚期的嘉庆朝到宣统朝，玻璃艺术逐渐衰败。嘉庆时期虽然生产规模锐减，但作品还保持了较高的水准，基本上维持着乾隆晚期的水平，无论是质地、颜色，还是造型、纹饰，都与乾隆晚期的器物没有太大的区别。道光、咸丰时期玻璃器质地粗糙，颜色或暗或乱，器型全无规矩，大多数没有纹饰，但注重刻款。同治、光绪时期的作品较道光、咸丰时有了很大的进步，但是色调的搭配过于繁杂，画面显得较俗，此外在做工上砂眼较多，技术上还有缺欠，与清代早、中期相比有很大差距。

【小辞典·搅胎】

清代著名的玻璃装饰技法，是用两种以上的颜色料绞拧在一

图186　玻璃水丞
清·康熙
通高7厘米　口径2.8厘米
现藏北京故宫博物院

图187　黄玻璃菊瓣式渣斗
清·雍正
高9.9厘米　口径9.7厘米
现藏北京故宫博物院

起，形成有层次的螺旋纹。这种装饰除了规则的平行搅纹之外，也有不规则的粗细不等的随意性搅纹。可分为单色深浅搅料和多色搅料等多个品种。在故宫博物院收藏的清代玻璃器中，搅胎玻璃占的比例不大。

图188　搅胎玻璃瓶
清·乾隆
高20.8厘米　口径11厘米
现藏北京故宫博物院

图189　蓝透明玻璃瓶
清·光绪
高24厘米
现藏北京故宫博物院

六　织绣篇

织和绣是两种手工技术的产物。织是指将丝、棉、毛、麻等纤维通过人工和机械，使经线（竖）与纬线（横）交织，形成幅面，即匹料。绣是在织好的匹料上以针线为工具，通过穿针引线绣出花纹图案。织是绣的基础，绣是织物的进一步加工美化。两者紧密相关，常常合称"织绣"。织绣工艺在中国有悠久的历史。早在新石器时代中晚期，我国先民就已掌握简单的纺织技能，并学会利用葛麻等天然原料织物。此后，中国织绣工艺不断发展进步，品种越来越丰富，技艺越来越精湛，以先进复杂的技术、精致优良的性能、丰富多彩的花色品种而著称于世界。

1. 各色丝织品

丝织品是采用丝纤维为原料，纺绩加工成纱线后经编织和机织而成的布帛。蚕丝既细又长，韧性大、弹性高，脱胶后的熟丝外观光亮，手感柔滑，极易着色，着色后较其他织物更为鲜艳。蚕丝出现后，即受到人们的喜爱，成为各个时期纺织品的主要原料，丝织亦成为纺织品中最高等级的产品。

我国是世界上最早饲养家蚕和缫丝织绸的国家，丝绸约有五千年可考的历史。1958年，浙江钱山漾遗址出土了一批距今4700年的丝织品，有绢片、丝带、丝线等。绢片平纹组织，经密52根/厘米，纬密48根/厘米，丝的捻向为S捻，织造精细。经鉴定其原料为家蚕丝，而且是经过精心缫练、纺捻、织造而成的。这是目前世界上发现时代最早、织造最为规范的丝织品。

中国古代丝织品种类繁多，根据织物组织结构、经纬线组合方式、加工工艺、外观形态及质地不同，有绡、纱、绉、缟、纨、绨、绢、罗、绮、绸、缎、绒、锦等种类。

绡 细而轻薄、稀疏的平纹生丝织物，有"轻绡"之称。《周礼》郑注："绡又为生丝则质坚脆矣，此绡之本质也。"

纱 平纹丝织物，经纬线极纤细，组织稀疏，有均匀的方孔，俗称"方孔纱"，是丝织品中最纤细、稀疏的品种。辽宁朝阳西周墓出土有经纬密度20×20根/厘米的方孔纱；湖南长沙左家塘楚墓出土一块藕色纱手帕，经纬密度为28×24根/厘米，平纹组织，

图190　石青缎绣五彩丹鹤朝阳纹方补
清
长36厘米　宽36厘米
现藏北京故宫博物院

有稀疏的方孔，透孔率为7%，相当轻薄。

縠 平纹熟丝织物，战国时代就有生产，时称绉为縠。表面有纱一样的方孔和均匀的鳞状绉纹，是一种起绉的纱。经纬丝纤细，经过异向强捻，或以不同捻向的纬线交互织造，再加煮练，加强捻的经纬丝发生退捻，引起收缩弯曲，使织物呈现鳞状绉縠效果。乔其绉、双绉、碧绉、留香绉均属绉织物。商代已发现有绉织物，长沙左家塘战国楚墓出土的浅棕色绉纱手帕，经纬密度38×30根/厘米，经纬丝都强捻，经S捻，纬为S捻和Z捻间隔排列，其轻薄程度相当于现代的真丝乔其纱。

缟 生丝平纹织物，细密洁白鲜丽，与纨相似。经纬密度大致相同，经密40~45根/厘米，纬密20~40根/厘米。以鲁地所产为上，春秋时即有"鲁缟"之称。

纨 平纹丝织物，细密洁白有光泽。丝经过精练，光亮如冰，有"冰纨"之称。经密大于纬密，一般经密在100~120根/厘米，纬密60~80根/厘米，表面呈均匀的经畦纹效果。纨为高档名贵的丝织物，古人以着纨衣为奢侈，故有"纨绔子弟"之称。商周至战国都有纨一类丝织物出土，但到东汉以后则少见了。

绨 平纹织物，厚实有光泽。经纬线均较粗，特别是纬线更粗，密度小，经线密度大，表面形成横向凸纹，纺织学称作"经畦纹"或"经亩纹"组织。织造紧密，厚重，手感挺括。江陵马山一号墓出土的绨，经密80根/厘米，纬密10根/厘米，特点鲜明。

绢 平纹或平纹变化组织的丝织物，以生丝为经纬，质地挺爽，供书画、裱糊扇面、扎制灯彩之用。中国古代常用绢抄写诗词、书写经文、记载文献等。

罗 全部或部分采用条形绞经罗组织的丝织物。质地轻薄，织造，外观呈均匀孔眼的丝织物。组织结构是平织和绞经相互轮换形成梭口，所谓"来梭提，往梭不提"，即绞经开口为"来梭提"，平织开口为"往梭不提"。江陵马山1号楚墓就出土一件四经绞素罗绣袍。

汉代出现暗花罗，也称纹罗。纹罗的地、纹组织原理相同，只是地组织的绞经梭口交错间歇，织物表面形成椒眼状罗孔，纹组织绞经密度大且无孔眼，形成地、纹的不同。将两者同时用到

图191　残绸片
新石器时代·良渚文化
1958年浙江吴兴钱山漾出土
现藏浙江省博物馆

图192　印花敷彩纱
西汉
长54厘米　宽47.4厘米
1972年湖南长沙马王堆1号汉墓出土
现藏湖南省博物馆

一件织物上，需要很高的织造技术。马王堆出土的烟色菱纹罗就是四经绞组织。

宋代的罗风靡一时，为江南名贵丝织品。当时润州专设织罗务，每年贡御服花罗数千匹，有孔雀罗、瓜子罗、春满园罗、宝相花罗等。主要组织是二经、三经、四经绞组织为地，三枚斜纹和平纹织花。三经、四经绞罗工艺复杂，费工费料，后来逐渐被平纹地、一绞一组织的横罗所代替。

绮 平纹、斜纹或两种以上组织显花的小提花织物。商代已经出现，汉代时达到高峰，与锦、绣并列为当时的高级丝织物，用途十分广泛。出土的汉代绮十分丰富，马王堆有烟色菱纹绮、香色对鸟花卉菱纹绮等，尼雅有禽兽葡萄纹绮、鸟兽纹绮等，文献中还记载有杯纹绮、长命绮等名目。汉绮除平纹地、三上一下经斜纹花外，还有一种即在斜纹经线两侧加一根平纹，形成斜纹和平纹的联合组织。绮直到唐、宋都很盛行，但元代以后就很少见了。

绫 一经一纬交织成斜纹地、花的单重丝织物。具有光润耀眼的外观效果。多数是经纬同色，以组织变化显花，也有经纬异色，纹、地二色的花纹。还有三色以上的多色花绫，如八彩晕繝提花绫，其基本组织是山形斜纹，以棕、绿、蓝经丝分三组依次排开，用退晕方法排成晕繝色组，又以深红色纬浮线织团花，属于特殊组织。据文献记载，魏晋时期已有，但在唐代以前未见实物存世，唐代一跃成为重要的丝织品种，官员多以绫为官服的主要面料，当时尤以浙江的缭绫最为著名。宋代在唐的基础上又增加了狗蹄、柿蒂等名目，并开始用于书画装裱。明清时，其织造技术虽日趋完备，但产量很低，已逐渐为缎所取代。

绸 平纹、斜纹织物，组织较为简单。表面平顺爽滑，厚薄适中，适宜制作服装，只是光泽略差。出现很早，新时期时代晚期已有，是中国最早出现的丝织物品种。明清时期，绸的制造技术达到高峰，生产出二色绸、织金绸、妆花绸、染经绸、绉绸、宫绸、江绸、潞绸、暗花绸、线绸等许多品种，成为丝织品的一大类，因此丝绸或绸缎成为全部丝织品的代称。

缎 清代以前称缎为"纻丝"，后来才统一称缎。平纹、斜

图193　贵字连环纹绮
北朝
长32.5厘米　宽24.5厘米
1966年新疆吐鲁番阿斯塔那墓出土
现藏新疆维吾尔自治区博物馆

图194　黄色莲瓣龙纹绫
唐
青海都兰县出土
现藏青海省博物馆

纹、缎纹三原组织中最复杂的，用精练的熟丝织造，外观光亮，手感平滑、柔软，属高档织物，适宜作各种袍服面料等，用途广泛。基本特点是经、纬线必须在五枚以上，交织点不连贯，以均匀距离分布于相邻的经（或纬）线上。"枚"指组织循环数，五枚即为一根经线下压四根纬线；交织点称"飞"，从一个交织点向上数两根纬线，在相邻的经线上出现另一个交织点，称二飞，以此类推，但缎纹组织中枚数和飞数不能成倍数。缎织物出现较晚，敦煌藏经洞有缎地织锦，南京有宋代缎地锦，这些应是缎的雏形。元代的缎完全具备了缎织物的各项特征，还可以织暗花缎、金花暗花缎、织金缎等。明清时期，缎织物提花工艺高度发展，缎已成为高级丝织品中最流行的品种。清代多用七枚、八枚缎纹组织。盛行缎地上起绒花的漳缎。

绒 又称"织绒""织成"。是在经纬交织基础上另以彩纬挖花而成的实用装饰织物，是由锦分化出来的一种丝织品。彩纬只在显色部位织入，所以织同样花纹图案时用彩纬的量比通纬要省。形成于汉代以后。明清盛行绒地上起绒花的织物，因明代福建漳州织绒最佳，故名漳绒。织造方法是利用假织纬（起毛杆）起绒圈，纹经与假织纬交织成地和花。织成后抽掉起毛杆，按图剪开绒圈，便是绒花。花、地分明，具有立体效果。

【小辞典·起绒】

起绒织物属重经织物，指表面布满紧密绒圈或绒毛的丝织品。明清时期的起绒织物按地子可分为两类：一类为在绒地上起绒花，以福建漳州、泉州生产的漳绒最具代表性；另一类为缎地上起绒花，以同样产于福建漳州、泉州的漳缎为代表。此外，新疆地区生产的玛什鲁布也属此类。

2. 织锦

织锦是以经过练染的熟蚕彩丝织出图纹的多重多彩提花丝织品，是丝织品中最高水平的代表，有"其价如金"之说。有经线起

图195　蓝地百蝠寿库金缎
清
长550厘米　宽73厘米
现藏南京博物院

图196　蓝色漳绒团八宝纹夹马褂
清晚期
身长77厘米　通袖长164厘米
现藏北京故宫博物院

花和纬线起花两种，称作经锦和纬锦。经锦是用两组或两组以上的经线同一组纬线交织，纬线用一色，经线用多色，由经线织的花纹，图案的特点，是同一纹样、同一色彩，形成直行排列。由于经锦比纬锦织造工艺简单，六朝以前的织锦主要是经锦。纬锦是以两组或两组以上的纬线同一组经线交织而成，经是单色，纬线是多色。纬锦较经锦有许多优点，如不受织机限制，可根据花纹需要任意选择不同颜色的彩纬；众多彩纬可以逐一穿入梭口，用筘打紧，既不会混乱纠缠，也不会过松，花纹清晰。由于纬锦比经锦色彩丰富，所以隋唐时期一出现就逐渐取代了经锦。

不同地区生产的织锦具有不同的特色，有南京云锦、四川蜀锦、苏州宋锦、杭州织锦以及少数民族的黎锦、壮锦、傣锦、瑶锦、侗锦、苗锦、土家锦等。大多采用传统提花工艺和木制花楼织机，有些织锦因品种不同而有所区别。如宋锦、土家族织锦采用通经断纬工艺，即分段调换彩色纬线，使色彩更加丰富，杭锦采用铁制提花机。

中国在西周时期已有织锦。例如陕西宝鸡茹家庄西周墓出土的铜剑上粘附有纬丝显花的纬二重锦，经密70根/厘米，纬密20×2根/厘米，显花的纬丝浮长3~4毫米。织锦的织造组织复杂，色彩丰富，西周时期已能生产出这种大提花织物，说明当时纺织工艺已趋成熟。

战国时期的织锦，如湖南长沙左家塘战国墓中出土的深棕地红黄色菱纹锦、褐地红黄色矩纹锦、朱条暗花龙凤纹锦、褐地双色方格纹锦、褐地几何填花燕纹锦等，色彩均较鲜艳，为战国早期织锦的代表，湖北江陵马山一号楚墓出土的塔形纹锦、十字菱形纹锦、凤鸟几何纹锦、舞人动物纹锦等。

从出土实物来看，战国织锦在西周二重经锦的基础上有了新的突破。图案突破了商周时期简单的几何纹，出现了内容丰富、形式复杂的新纹饰，常常以多种几何纹为骨架，内填龙、凤、瑞兽，组成二方连续、四方连续图案，呈现出总体整齐，而细部丰富、活泼的特点。显花的经线打破了只有二色的局限，出现了三色或三色以上的显花经线，锦面呈竖条状花纹，色彩显得丰富。如湖北江陵马山一号楚墓出土的凤鸟几何纹锦，即是三色二重经

图197　塔形纹锦
战国
幅宽约49厘米
1982年湖北江陵马山1号墓出土
现藏荆州市博物馆

锦，其纬线是明纬与夹纬两组，明纬与表、底经交织，夹纬夹在表、底经之间，不起交织作用，但可避免表、底经色彩错乱，保障花纹的清晰，同时增加织物的厚度和挺括感。

汉代织锦发达。湖南长沙马王堆汉墓出土的有绀地绛红鸣鸟纹锦、香色地红茱萸纹锦、隐花八角星纹锦、红几何纹绒圈锦等，新疆尼雅精绝国遗址出土有万世如意锦袍、延年益寿大宜子孙锦袜、手套、鸡鸣枕、菱纹锦女袜、藏青地织锦被、五星出东方利中国锦护膊等。吐鲁番、楼兰、民丰等地也出土过风格相同的汉锦，如延年益寿大宜子孙锦、望四海为国庆锦、长乐明光锦、鱼蛙纹锦、登高明望四海锦等。

从已见的汉锦看，图案纹饰更为丰富，具有鲜明的时代特点。在题材上，一部分仍为战国时期流行的龙凤虎豹、瑞兽飞禽以及舞人、几何纹等图案，但在表现形式上并不一味追求对称、规矩，而是更加流动、活泼。最具特色的是在图案上大量使用吉语和铭文，如"延年益寿""大宜子孙""千秋万岁"，再配以云气、辟邪、瑞兽等，代表了秦汉时期人们迎祥祈福、崇信升仙的思想。织锦色彩在东汉时期有了明显进步，除二色、三色外，发展到五色以上。采用经线分区的排色方法，每区有三种不同色彩，并用白色和地经作为每区花纹的勾边和嵌织吉祥文字。多以墨绿、深棕、藏青等深颜色作地色，纹、地色彩对比鲜明，相互映衬，形成强烈的艺术效果。织锦的结构仍是经显花经二重夹纬平纹组织。比较突出的是绒圈锦，这是汉代首创。

三国时四川蜀锦成为主流。隋唐早期织锦仍是经显花的经锦，组织结构、花纹形式、构图手法上与南北朝时期完全相同，但稍后这种单一的经纬组织向多样化发展，出现了经显花夹纬经二重2/1经面斜纹组织。斜纹组织是对平纹组织的发展，因交组点减少，能充分显示丝织物的光泽。如阿斯塔那唐墓出土的绿地团花锦枕顶、大联珠鹿纹锦覆面、大联珠立鸟纹锦等，都有明显的斜纹效应。将经显花夹纬经二重结构做九十度回转，使经纬线互易即成纬显花夹经纬二重平纹或斜纹组织，表、里纬排列比为1∶1的两色纬锦，并出现彩色经纬线由浅入深或由深入浅的退晕手法。如阿斯塔那出土的唐代红地团花锦小半臂料，即为纬显花

图198　几何纹绒圈锦
西汉
宽28厘米
1972年湖南长沙马王堆1号墓出土
现藏湖南省博物馆

图199　长乐明光锦
东汉
长49厘米　宽10厘米
1980年新疆罗布泊高台2号汉墓出土
现藏新疆维吾尔自治区社会科学院考古研究所

夹经纬二重三枚纬面斜纹组织。

此外，唐代织锦中还出现了双面锦，属于双层风通组织，表、底各为一色，表经、表纬与里经、里纬按1：1排列，各自织平纹，依需要在花纹边缘处作表、里换层易色，织物的花、地中间呈相通的中空状态。如新疆阿斯塔那唐墓出土的菱格柿蒂纹双面锦，用表底两种经纬在花纹边缘接结换层，正反花纹一致，只是纹地色彩互易，形成双层平纹织锦。

隋唐织锦利用对比色表现花纹，色调明快，仍以纹经分区循环排列，但每一区的彩条加宽，纹经加多，由原来的二色、三色一个彩条，增至四色、五色一个，从整体上更显丰富。纬锦出现以后，色彩不受限制，体现出富丽堂皇的气派。纹饰图案既有传统的动植物，又有许多新形式，流行宝相花、牡丹花、莲花、忍冬纹、联珠纹飞鸟等实物写生图案。

北宋宫廷在汴京等地建立规模庞大的织造工场，生产各种绫锦，彩锦名目达百余种。宋初，部分织锦沿用唐代初创的纬显花夹经斜纹或平纹组织，如新疆阿拉尔出土的北宋织锦为正面1/2纬面斜纹，背面2/1经面斜纹，彩纬显花夹经组织。再一种正、背面斜纹结构和斜向都相同，属同面纬二重夹经组织，起花方法有两种，一为彩纬显花，另一种为妆彩织局部花纹，色彩更显丰富。宋代织锦到后期几乎都是纬显花夹经斜纹组织。

宋锦与蜀锦的亲缘关系，在花纹图案上有较多反映，如联珠纹等时有发现。苏州瑞光塔出土的黄地孔雀宝相花锦，两只半开屏的孔雀相对飞翔，宝相花呈十字状作骨架，间饰朵云；还有苏州云岩寺塔出土的黄地朵云瑞花锦，其纹饰图案都可看出与唐代风格的承继关系。还有一种为小朵花、小团花作散点式四方连续图案。

元代是中国历史上大量生产织金锦的时代，宫廷设立织染局、织染提举司，机构庞大，集中了大批优秀工匠。明清两代织锦生产集中在江苏南京、苏州，除了官府的织锦局外，民间作坊也蓬勃兴起，形成江南织锦生产的繁荣时期。

图200　树叶纹锦
南北朝
残长22.4厘米，宽14.3厘米
1972年新疆吐鲁番阿斯塔那墓出土
现藏新疆维吾尔自治区博物馆

【小辞典·绒圈锦】

　　属二重夹纬平纹组织，增加了显花的绒经。以多色经丝和单色纬丝交织而成，织物表面的矩纹图案部位，呈现有立体感的环状绒圈。织造时需有综架和提花束综配合控制经线的提起或下沉。绒线在起花时织入绒圈杆，即假织纬，织后抽出，不起花时与经二重中的里经一并下沉，随里经和纬线作平纹交织。纹样以线条矩形为主，并由小块面、角点子与地纹经回文形等交替构成。汉代首创，为后世的漳绒打下了技术基础。

3. 蜀锦

　　蜀锦是指四川成都地区所产的织锦。兴起于汉代，三国时诸葛亮曾以蜀锦作为国家重要物资而加以发展。大多以经向彩条为基础起彩，并彩条添花，图案繁华，织纹精细，配色典雅，独具一格，是一种具有民族特色和地方风格的多彩织锦。与南京的云锦、苏州的仿宋锦一起，并称为中国的三大名锦。

　　三国时期蜀锦发展迅猛。花纹图案题材广泛，除汉代已有的狮、虎、象、豹等动物和几何纹外，出现了更接近于生活的树、花、人物、骆驼、鸡、羊等，还有新颖的盘条纹、联珠纹。构图上除一部分保持东汉以来在骨架内填纹样的方法外，较多地出现了对称形式，如对鸡、对羊、对象等，还有倒侧式对称，即动物都是头对头、足对足，这是前所未见的新形式。用色上采用分区循环排色方法，如方格动物纹，分三个彩条，一条黄地蓝牛，白色勾边；一条草绿地白狮子，红色勾边；一条黄地白象，蓝色勾边。每一条都有三种不同的颜色，地色、纹色相互调配，打破了东汉只以白色勾边的传统，用色不多，但显丰富。

　　蜀锦的组织与汉锦不同，虽仍为经显花夹纬经二重平纹组织，但经、纬线比较细，织造精密，经纬密度比汉锦大，约在56×2根/厘米×13×2根/厘米，56×3根/厘米×15×2根/厘米。在提花技术上采用倒循环的手法，使花纹形成头对头、足对足的侧

图201　黄地朵云瑞花锦
北宋
残长52厘米　宽34厘米
江苏苏州虎丘云岩寺塔出土
现藏南京博物院

图202　菱格柿蒂纹双面锦
唐
长15厘米　宽9.5厘米
1973年新疆吐鲁番阿斯塔那墓出土
现藏新疆维吾尔自治区博物馆

卧对称式，这是前代未见的提花方法。这种方法使花纹循环小，便于编花本和织造，可省工时。成品面料做成衣时便于安排花纹，如做成衣服时人物、动物图案不会出现头朝下的现象。

近年来在新疆吐鲁番阿斯塔那古墓群出土大批南北朝至唐代的织锦，如藏青地禽兽纹锦、墨绿地对鸟对羊花灯树纹锦、方格兽纹锦等，在织造工艺、用色技法等方面都具有蜀锦的特点，应是在蜀地织造的。此外，高昌建昌四年（公元558年）墓葬中出土了一批织锦，有盘绦对狮对象纹锦、盘绦骑士狩猎纹锦、盘绦对鸟对兽纹锦、联珠孔雀纹锦等。其中的联珠纹图案被认为是典型的波斯萨珊朝纹饰，因此，这些织锦应是专为西域等地织造的。

唐代蜀锦保存到现在的有团花纹锦、赤狮凤纹蜀江锦等多种，图案有格子花、莲花、龟甲花、联珠、对禽、对兽等，十分丰富，唐末又增加了天下乐、长安竹、方胜、宜男、狮团、八答晕等图案。在宋元时期，发展了纬起花的纬锦，纹样图案有庆丰年锦、灯花锦、盘球、翠池狮子、云雀，以及瑞草云鹤、百花孔雀、宜男百花、如意牡丹等，可从元《蜀锦谱》中窥见一斑。在明代末年，蜀锦受到战乱摧残，到了清代又恢复了生产，受江南织锦影响，产生了月华锦、雨丝锦、方方锦、浣花锦等品种。

月华锦是利用经线彩条的深浅层次变化为特点。牵经时要根据彩条配色以及经线配色的编号，按彩条的次序、宽窄、色经的深浅变化规律来排列篗子，每牵完一柳头，必须调换一部分篗子，称为"手换手"，此为蜀锦独有的牵经方法。

雨丝锦的特点是锦面用白色和其他色彩的经丝组成，色络由粗渐细，白经由细渐粗，交替过渡，形成色白相间，呈现明亮对比的丝丝雨条状，雨条上再饰以各种花纹图案，粗细匀称，既调和了对比强烈的色彩，又突出了彩条间的花纹，具有烘云托月的艺术效果，给人以一种轻快而舒适的韵律感。图案丰富多彩，常见的有天安门、杜甫草堂、望江楼、百花潭、芙蓉白凤、翔凤游龙、莲池鸳鸯、蝶舞花丛、葵花、牡丹、梅竹、龙凤等。

方方锦的特点是缎地纬浮花，再单一地色上，以彩色经纬线配以等距不同色彩的方格，方格内饰以不同色彩的圆形或椭圆形的古朴典雅的花纹图案，如梅鹊争春、凤穿牡丹、望江楼、百花

图203　藏青地禽兽纹锦
南北朝
长81厘米　宽54厘米
1968年新疆吐鲁番阿斯塔那墓出土
现藏新疆维吾尔自治区博物馆

图204　墨绿地对鸟对羊花灯树纹锦
南北朝
长24厘米　宽21.5厘米
1972年新疆吐鲁番阿斯塔那墓出土
现藏新疆维吾尔自治区博物馆

潭等。

浣花锦又称花锦，是由古代名锦"落花流水锦"发展而来的。传说是唐代居成都浣花溪的贵妇人根据溪水荡漾的变化而设计出的花纹，而且在锦织成后，多数在锦江上游溪水潭内洗涤，故名。特点是地组织采用平纹或缎纹以曲水纹、浪花纹与落花组合图案，纹样图案简练古朴，典雅大方。

至今蜀锦仍沿袭传统的染色熟丝织造法，具有图案丰富多彩，色彩鲜艳持久，对比性强，质地坚韧厚重，织造变化多端等特点，逐渐形成了自己的独特风格，锦样已有数百种之多。

4. 宋锦

宋锦即宋代织锦。据《蜀锦谱》《缀耕录》记载，北宋已有彩锦四十余种。宋高宗南渡以后，全国的政治、文化中心移到了江南地区。为满足宫廷服装和书画装饰的需要，宋高宗大力推广宋锦，并专门在苏州设立了宋锦织造署。因此在苏州织锦中出现了一种极薄、极细的供装裱书画品种。这些织锦与书画一起被保存了下来。所以后世谈到锦必称宋，宋锦由此得名，流传至今。

宋锦一般以桑蚕丝为主要原料，以经丝和纬丝联合显花的组织特征，采用花楼织机手工织成。宋锦技术复杂，开创浮纬接结、新抛换色等独特工艺，质地细腻，平伏挺括。纹样繁复，以龟背纹、绣球纹、剑环纹、古钱套、席地文四方连续的图案，朱雀等动物图案，百吉等字形图案最为常见，层次丰富，配色典雅和谐。根据纹样的不同，名目繁多，如八答晕、翠池狮子、天下乐、云雁、盘球、大窠狮子、大窠马大球、宜男百花、簇四金雕、紫鸾鹊、柿红龟背、青楼台、青绿瑞草云鹤、青绿如意牡丹、真红穿花凤、真红雪花球路、水藻戏鱼等。其中，八答晕又称天华锦，是仿建筑中藻井图案，以四出、六出或八出圆形或方形几何纹相连，构成大骨架，再以金锭、镇子甲、古钱、龟背作锦地，骨架上再饰团窠瑞花，所以又称"锦上添花"。新疆博物馆收藏的宝蓝地天华锦，是其中的代表之作。

宋锦对后世有很大的影响，明清时期曾大量仿制，称仿宋锦

图205　花卉鸂鶒锦片　　图206　彩色地富贵三多纹蜀锦被面
北宋　　　　　　　　　　　　　　　清
长54厘米　宽58厘米　　　　　长288厘米　宽72.5厘米
1957年新疆若羌阿拉尔出土　　　现藏北京故宫博物院
现藏新疆维吾尔自治区博物馆

或宋式锦，以苏州所产最为精美，素有"锦上添花"之美誉，各类天华锦、龟背锦、八大晕锦皆为代表。清康熙年间，有人从江苏泰兴季氏家购得宋代《淳化阁帖》十帙，揭取其上原裱宋代织锦22种，转售苏州机户摹取花样，并改进其工艺进行生产，苏州宋锦之名由是益盛。

仿宋锦依据工艺的粗细、材料的优劣、织物的厚薄及使用性能，可分为重锦、细锦和匣锦三种，各有不同的特点和适用范围。

重锦又称大锦，是宋锦中具有代表意义的一种。制作工艺多采用"三枚斜纹组织"，织花纹和地子，多使用金银线编织。纹样多为几何纹，其间饰以团花或折枝小花。色彩多用调和色，质地厚重，作品美观大气，适合于制作各类书画装饰品。

细锦又称小锦，一般使用天然蚕丝制作而成，以长跑梭和分段换色的短跑梭相结合织造，每段花形相同，色彩不同，使得色彩丰富但又不增加织物厚度。质地柔软而坚固，多用于制作服饰，以显示高贵典雅，还用作椅帔、桌帷、书画包首。

匣锦一般用两把长织梭和一把分段换色的短跑梭来织，所织之物经纬较稀疏，极为轻薄。图案多为小几何填花纹和自然形小花，精致小巧。多用于制作一些仿古的作品，如仿古的屏风、名人的书画、高档场合以匣锦的点缀来突出古典的氛围等。

【小辞典·藻井】

中国传统建筑天花中的最高等级。平顶的凹进部分，层层上升，其状如井。有方格形、六角形、八角形和圆形。上有雕刻或彩绘。一般置于宫殿、庙宇、佛堂等较重要建筑室内中心位置上方。汉代就已出现。明清时期有木雕、海漫和石雕，一般分为三层，上圆下方。

5. 织金锦

织金锦是以片金线或圆金线为纹纬的丝织物，既可以金线织

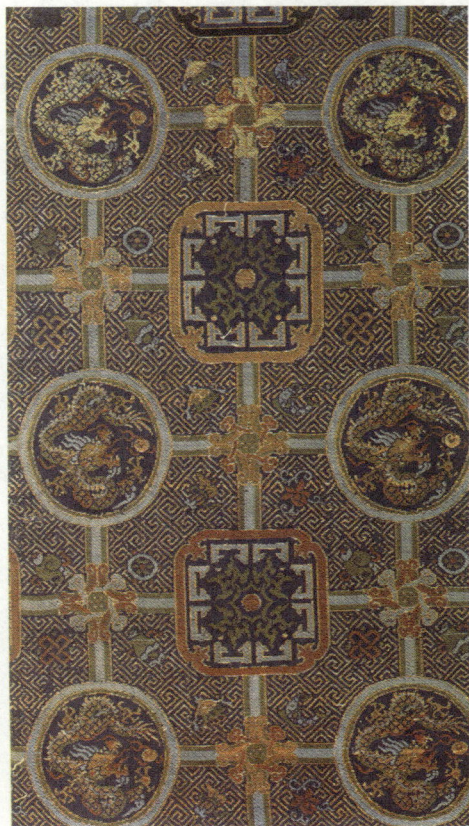

图207　橘黄地盘绦四季花卉纹宋式锦
明
长142厘米　宽32厘米
现藏北京故宫博物院

图208　蓝地团龙八宝纹天华锦
清
长25.2厘米　宽14厘米
现藏北京故宫博物院

花纹，又可用以勾边，具有金碧辉煌的装饰效果。中国古代在丝织物中加金约始于战国，汉代有所发展，到唐宋时成熟。青海都兰遗址出土有一件唐代蓝地龟甲纹织金锦带，仅2.8厘米宽，在平纹地上以隔经金线作大循环平纹显花，是纬二重平纹织金锦，这是目前所知最早的织金锦。内蒙古赤峰五代辽驸马墓出土的丝绸中也有织金锦。

元代根据波斯语音译称织金锦为"纳石失""纳克实"等。织金锦的发展达到极盛，丝织物以色彩综合为主的艺术风格至此一变为用金银线来作主体表现。元代统治者十分喜爱织金锦，不仅"衣金锦"，还将其用作官服和赏赐品，甚至作为军中营帐，绵延数里，盛况空前。当时南京、苏州、镇江都织造织金锦，《元典章》中有织金胸背麒麟、织金狮子、织金虎豹等众多名目。传世和出土的元代织金锦作品，向我们展示了其高度发展的成就。

现藏北京故宫博物院的龟背团花龙凤纹织金锦佛衣披肩，衣料为织金锦，系经纬线各两组交织而成。经线包括地经与接经（即纹经），纬线包括地纬与纹纬（即扁金）。地经与地纬交织为地纹，接结经与纹纬交织出龙、凤等纹样。佛衣领口处缀有两条绿色丝绦。胸前缀袢一条，右边为红丝袢，左边为珊瑚圆钮。整件披肩提花规矩，金线匀细，花纹光泽悦目，为元代织金锦织物中所罕见。

现藏辽宁省博物馆的元代织金锦仪凤图，在桃红色的缎地上，用金彩纬线通梭提花织制百鸟朝凤图案，以拈金线制织羽毛、玉兰枝的框边，花纹更显光彩夺目，堪称精品。

此外，新疆盐湖元墓出土有织金锦菩萨像、开光缠枝莲织金锦，甘肃章县元墓出土凤鹿纹织金锦，苏州张士诚母墓出土对龙织金锦，新疆博物馆收藏有白地四合如意天华锦等。这些元代织金锦都是片金线，即用纯金箔托贴于皮或绵纸上，再裁成细条为片金。片金线比圆金线更具有光亮耀眼的效果。

元代用金装饰丝织物的风气，对明清两代宫廷御用锦缎的设计和生产产生了巨大和深远的影响。明清在元代基础上创造出很多优秀而精美的织金产品，例如云锦中的库金就是从元代的纳石失发展而来。

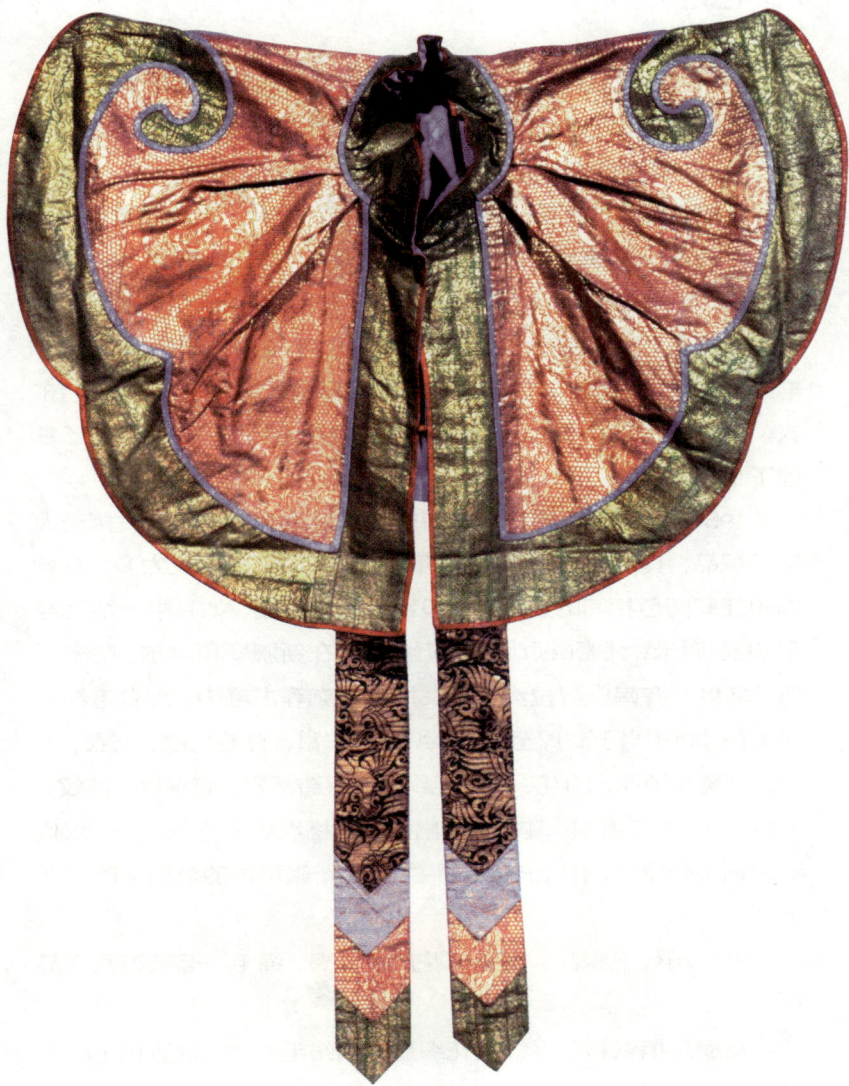

图209　龟背团花龙凤纹织金锦佛衣披肩

元

长43厘米　肩宽70厘米　飘带长42厘米

现藏北京故宫博物院

6. 毛织品

毛织品是采用毛纤维为原料，纺绩加工成纱线后经编织和机织而成的纺织品。中国毛织品生产历史悠久，直到今天，毛织品仍然是高档的服装面料。

新石器时代人们利用野生葛麻作纺织原料，也许即有用牛、羊毛作原料，但未见有实物出现。稍后，《尚书·禹贡》中就有"梁州、雍州贡织皮"的记载，"织皮"即毛布。梁州、雍州具为古九州岛岛之一，约为今天的陕甘地区，自古出产羊毛。商周时，毛织品已广泛应用，"无衣无褐，何以卒岁"，"褐"即是毛布衣。《周礼·天官·掌皮》中有"共其毳毛为毡"，说明当时还掌握了制毡技术。

1957年，考古工作者在青海柴达木盆地南部诺木洪发掘到大量毛织品，其生产时间相当于西周初期。织品以平纹为多，有黄褐和红黄两色相间的条纹，一般经密大于纬密，如其中一块为经密13根/厘米，纬密6根/厘米。近年来，在新疆罗布卓尔、哈密五堡、乌鲁木齐南山阿拉沟、且末扎洪鲁克等古墓中，都有毛织品出土，时间相当于商周至战国。织品很丰富，有毛长袍、上衣、毛布、毛毯等提花、印花、绣花毛织品，织造精密，有平纹、斜纹、2/2双面斜纹等组织，其中五堡出土的条格纹彩罽十分突出。汉代毛织物十分丰富，出土的毛织品主要在新疆境内的丝绸之路古道上。

纵观历代毛织品，主要有花罽、斜褐、缂毛、毛毡等几个品种。

花罽是指以彩色毛纱提花织造的精纺毛织物。尼雅出土的墨绿地人兽葡萄纹罽，纱很细，织造精密，以黄色显花，具有代表性。龟甲四瓣花罽，平纹，在蓝地上以红、白色织菱形和八角纹，构成龟背纹填花图案。花罽除平纹组织，还有1/2的纬面斜纹和2/2双面斜纹，还有双层两面纹组织——双面罽。例如新疆山普拉出土的黄绿双面葡萄纹罽，织物表、底各为一色，表经、表纬与里经、里纬按1：1排列，各自织平纹，依需要在花纹边缘处作

图210　石青地云龙纹织金锦妆花缎袍料
清
长135.5厘米　宽78厘米
现藏南京博物院

图211　彩色盘羊纹毛布
周代
残长78厘米　宽25厘米
1985年新疆且末扎洪鲁克古墓出土
现藏新疆维吾尔自治区博物馆

图212　龟背四瓣花罽
东汉
长24厘米　宽28厘米
1959年新疆民丰尼雅遗址出土
现藏新疆维吾尔自治区博物馆

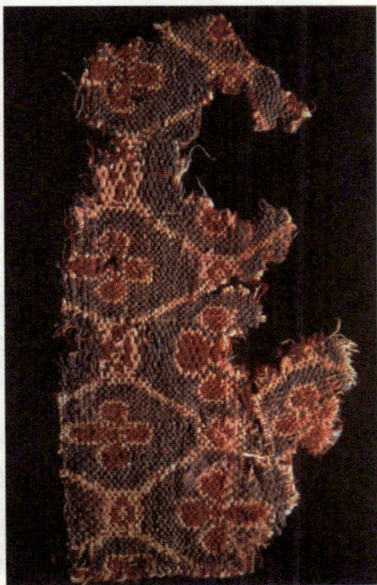

表、里换层易色，称之为双层风通组织。

斜褐是斜纹粗毛织物的统称，宋人洪皓在《松漠纪闻》中曾提到"斜褐"。新疆民丰地区东汉古墓出土的一块蓝色斜褐，是将毛纱染成蓝色，制成一上二下的三枚斜纹组织。经纬密度每厘米为13根和16根。表面匀整，然后夹缬成点状的大、小花相配。

缂毛是指用毛线做纬线以"通经断纬"织造法织成的毛织品。1930年英国人斯坦因在新疆古楼兰遗址中发现一块汉代奔马缂毛，缂出奔马和卷草花纹，体现出汉代新疆地区的纹样风格。1984年新疆和田洛浦县山普拉公社赛依瓦克汉代墓群一号墓出土人首马身纹缂毛、树叶纹缂毛等几件缂毛织物。汉代之后，缂毛工艺逐渐被用丝线做纬线的缂丝工艺取代。清乾隆时期，缂毛工艺重新兴起，除缂织一些生活用品如地毯、挂毯等外，以书画作品为稿本，用毛线做纬线"通经断纬"缂织艺术品，并逐渐发展成为一种独特的织绣工艺品——缂毛画。

毛毡是用羊毛、骆驼毛、牦牛毛等经湿、热、挤压等作用制成片状或块状的毛纺织物，具有回弹、吸震、保暖等性能。在商代已有制毡技术。蒙古诺因乌拉东汉墓曾出土一批绣以花卉禽兽纹的毡。

7. 缂丝

缂丝，又称刻丝、克丝、尅丝等，是一种以本色生丝为经，彩色熟丝作纬的纬丝起花织物。由于织造时，仅将多种彩色纬丝在花纹需要处与经丝交织，即所谓"通经断纬"，使经丝通贯，纬丝不贯穿全幅，按照花纹轮廓和颜色交接的边缘反复换梭，以致边缘有彩纬断头及锯齿状的缝隙。南宋庄绰《鸡肋编》说："定州织刻丝不用大机，以熟色丝经于木棹之上，随所欲作花草禽兽状。以小梭织纬时，先留其处，方以杂色线缀于经纬之上，合以成文，若不相连。承空视之，如雕镂之象，故名刻丝。"

缂丝是在汉代精纺毛织物缀罽的基础上发展起来的。历史悠久，最晚起源于公元7世纪中叶。新疆阿斯塔那出土的唐代几何纹缂丝带，是目前发现的最早的缂丝制品。宋代缂丝已相当繁

图213　人首马身纹缂毛残片
东汉
残长55厘米　宽45厘米
1983年新疆和田洛浦县山普拉公社赛依瓦克古墓出土
现藏新疆维吾尔自治区博物馆

盛，受绘画影响，以模仿名人画作为尚，题材主要有写生花鸟、动物，往往具有绘画效果。涌现出朱克柔、沈子蕃、吴煦等缂丝名匠。朱克柔代表作有缂丝莲塘乳鸭图、缂丝花鸟图册、缂丝山茶夹蝶图等，沈子蕃代表作有缂丝青碧山水图、缂丝梅花寒雀图等，吴煦代表作有缂丝花卉蟠桃图。这些作品亦书亦画，形神兼备，体现出织物书画化的特色。

元代缂丝仍盛行以绘画为稿本，并增加了许多佛像和祝寿内容的作品。在缂织技法上保持宋代的方法，但表面平整，用线较粗，具有古朴苍健之风。代表作如缂丝东方朔偷桃图、缂丝八仙拱寿图、缂丝百花辇龙图、缂丝杏林春燕图等，都具有宋代缂丝的艺术观赏性风格。有的参织金线，如缂丝牡丹纹团扇，以金线勾边，显得浓艳有光彩。

明代缂丝保持宋以来传统，在继承古法的同时，又有所重新，特别是首创木梳戗和凤尾戗，以不同色调的丝线长短相套，形成似木梳一样规矩和凤尾一样富有装饰性的组织，用以更为准确地体现花纹的晕色效果。另外，明代缂丝还大量参缂金银线和孔雀羽线，使作品金翠交辉。

明代缂丝作品除原有的作为观赏之外，大量地用作帝后及达官显贵的服饰，以及桌帷、椅帔等生活用品。定陵出土的万历皇帝袍服有近三十件是缂丝的，如缂金孔雀羽十二团龙十二章衮服、缂丝孔雀羽龙袍等，具为大件作品，花纹复杂，缂工精细。纯作观赏品中以神仙、佛像以及摹缂名人书画为主，如缂丝瑶池吉庆图是现存明代缂丝中尺幅最大的作品，缂丝仙桃图更是融诗书画为一体，扩展了缂丝工艺的范围，可算是明代缂丝作品中的杰出之作。

清代缂丝工艺达到了历史最高水平，工艺之精、应用范围之广是前所未有的。特别是宫廷中，大到帝后礼服，各种陈设品，小到鞋面、荷包，缂丝工艺无处不在。

清代除将原有的缂丝技艺发挥到极至，还出现了多项创新工艺，如三色金缂、双面透缂、缂丝加绣等。三色金缂即将圆金、片金、银线同时运用在一件作品上，巧妙地利用金、银发光体和金色深浅不同的光效，使不同的纹饰部位呈现不同的效果。在大量

图214　几何纹缂丝带
唐
残长9.3厘米　宽0.9厘米
1973年新疆吐鲁番阿斯塔那墓出土
现藏新疆维吾尔自治区博物馆

图215　朱克柔缂丝莲塘乳鸭图
南宋
纵107.5厘米　横108.8厘米
现藏上海博物馆

缂织金银的同时，还在一些作品中加缂孔雀羽，在金光闪烁中透出斑斑翠绿，更显富丽豪华。双面透缂，即作品两面花形、色彩相同而不露线头，整齐规矩，多用作屏风、宫扇等。缂丝加绣，即以缂丝作地，再在上面以彩线施绣，使纹饰突出。后来还出现缂丝加画技法，也别具特色，但清晚期时，由于动笔过多、缂工粗糙等弊病，工艺已开始走下坡路。

【小辞典·衮服】

也称"衮衣""衮""龙卷""卷衣"等。为帝王礼服。上衣下裳制。衣色黑，上绣卷龙、华虫等章纹，与纁裳之纹合为九章。西周流行玄衣纁裳，以上衣象征未明之天，以下裳表示黄昏之地。汉唐以后，龙成为皇帝的象征，后世皇帝所穿的"龙袍"，即是衮的遗制。

8. 织物印染

中国古代印染织物的染料主要有矿物染和植物染两大类。目前还未发现原始社会有植物染的痕迹，而矿物染则广泛应用。成分主要是丹矿，又称赤铁矿、赭石，为红色染料，但因氧化程度不同，又可生出铁黄、铁黑等色调。还发现有朱砂，又称辰砂，主要成分是硫化汞，呈鲜红色，以其染色，既鲜艳又稳定，应用范围很广。

商周时期已能熟练地掌握矿物染技术，并开始利用植物染料。矿物染料使用前必须经过加工提炼，如朱砂，在提炼中有三层颜色，上面一层发黄，下面一层发暗，只有中间的红色纯正、鲜艳，可以使用。《周礼·考工记》中有"朱砂染羽"的记载，可见周代已掌握了提炼朱砂的技术。黄色是利用石黄中的雌黄（三硫化二砷）和雄黄（硫化砷），经过加工提炼，可染出纯正的金黄和浅黄色。周代还利用孔雀石提炼绿和蓝色染料。

周代已开始使用植物染料。蓝草（蓼科）的茎和叶可染蓝色，多次浸染可得靛蓝，长时间浸染则是青色，所谓"青出于

九羊玄穹九
陽乎固有清
宋發九圖子
半迴春心丁
見男三閏春
義稀符宋時
翔作真稔巧
藉匠倣芼了
茀珠誇説
今人不以古
以云返棋古
魉吾
辛丑春平
陽題

图216 缂丝加绣九阳消寒图轴
清
纵212厘米 横112厘米
现藏北京故宫博物院

蓝"。茜草是红色染料，紫草染紫色，栀子、荩草、地黄、栌黄均是黄色染料，皂斗是柞树的果实，其壳和树皮含有机物鞣质，与铁盐媒染可得黑色。

商周时期已知的颜色有红、浅红、金黄、浅黄、土黄、蓝、绿、白、青、紫、黑、棕、绛等，有些颜色必须加媒染剂才能得到，如茜草需加明矾才能染出深红色。《尔雅·释器》中记"一染縓，二染赪，三染纁"，就是说染一次得出一个颜色。但目前尚缺少周代应用媒染剂的资料，一些颜色是通过拼色或套染而得，如先以蓝草染出蓝色，再染黄色得绿色，红和蓝套染出紫色，红和黄套染出橙色等。

丰富的颜色提高了织绣品的艺术效果，也成为别尊卑等级的象征。周代以青、赤、黄、白、黑为正色，象征高贵，是礼服的专用色；绿、红、碧、紫、棕为间色，象征卑微，只能作便服或是内衣及妇女、平民的服色。西周青铜器颂敦的铭文中就有对于服色的记载，天子衣用纯朱色，诸侯用黄朱色，大夫用赤色，天子祭天祭祖穿玄衣下纁裳，冕皆玄上朱里。夏代尚黑，商代尚白，周代尚红、黄，不同时代有不同的审美时尚。

汉代染料有多种，矿物染料有染朱红的朱砂，染粉白色的绢云母，染银灰色的硫化铅和硫化汞的混合物，主要植物染料有茜草素、栀子素、靛蓝、碳黑等。当时，已认识了红、黄、蓝三原色，并能够运用其任意调配，扩大了色彩范围。马王堆出土的丝织品用色就超过了二十种。染色技术已十分成熟，已知的有涂染、印染、浸染、套染、媒染等多种。马王堆出土的金银印花纱，是用木质凸纹模板，经过三套印制而成。印花敷彩纱是利用凸板模印和彩绘结合而成。尼雅出土的东汉蜡染人物花布，蓝地上的白赤身佛像是用蜡染技术染成。

唐代在利用前人以矿物、植物作基本染料的基础上，又开创出多种染料和套染、媒染技术。色谱进一步扩大，利用红、黄、蓝三原色使色谱增加到四十余种，如仅红色就可派生出绛红、猩红、朱红、银红、粉红、褪红等。印花技术繁盛，根据印花时采用的不同手段、工具和材料，有绞缬、蜡缬、夹缬等。绞缬又称扎染，是将织物按花纹设计用针线缝结，或以绳线扎缚，入染缸浸

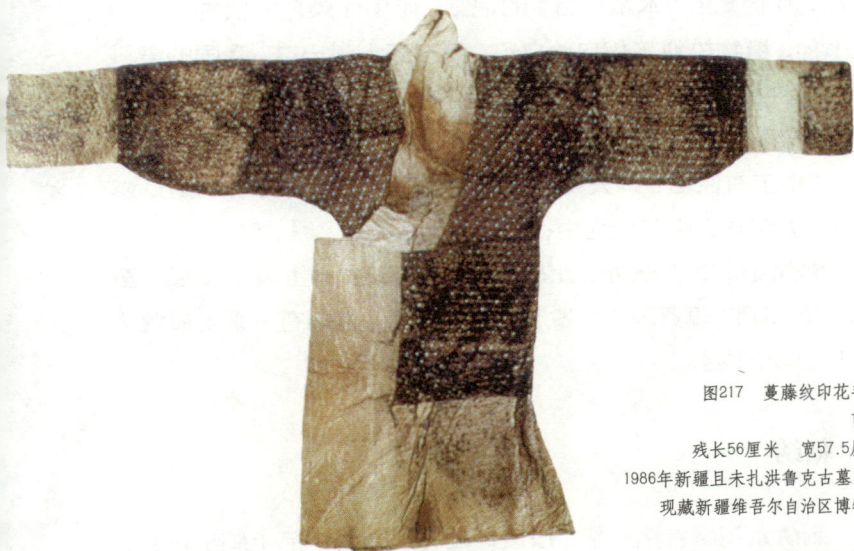

图217　蔓藤纹印花毛布
西周
残长56厘米　宽57.5厘米
1986年新疆且末扎洪鲁克古墓出土
现藏新疆维吾尔自治区博物馆

图218　印花敷彩绛黄纱袍
西汉
衣长130厘米　通袖长250厘米　下摆宽66厘米
1972年湖南长沙马王堆1号汉墓出土
现藏湖南省博物馆

染后拆去缝扎绳线,即成色地白花图案。因缝扎不会绝对密封,必有染色侵入,故花纹边缘形成晕色效果。蜡缬又称蜡染,是以蜡液用刀具在织物上绘出花纹,待蜡液凝固入染,然后再将蜡煮掉,凡蜡液遮盖处均染不到色,即呈色地白花。夹缬是以两块雕花夹板将织物夹在中间,用色浆涂在雕花板的镂空处,即成白地色花,也可套染成多彩。新疆阿斯塔那唐墓出土有多件夹缬织品,如一件绛地印花女裙残片,绛红色地上的白色四尖瓣形散点朵花即是采用镂空型版双面防染的夹缬法制成。

宋代我国的印染技术以经比较全面,色谱也较齐备。方以智《通雅》第三十七卷引述的文献说:"仁宗晚年京师染紫,变其色而加重,先染作青,徐以紫草加染,谓之油紫。……淳熙中北方染紫极鲜明,中国效之,目为北紫。盖不先着青,而改绯为脚,用紫草少,诚可夺朱……"明代扬慎在《丹铅总录》中记载:"元时染工有夹缬之路,别有檀缬、蜀缬、浆水缬、三套缬、绿丝斑缬之名。"名目虽多,但印染技术仍不出以上范围。

明清时期,我国的染料应用技术已经达到相当的水平,根据《天工开物》和《本草纲目》的记载,可用作染色的植物扩大到几十种。植物染料不仅自给自足,而且还大量出口。我国的染料植物的种植、制备工艺、染料应用技术在这一时期均达到鼎盛阶段,染坊也有了很大的发展。乾隆时,有人这样描绘上海的染坊:"染工有蓝坊、染天青、淡青、月下白;有红坊,染大红、露桃红;有漂坊,染黄糙为白;有杂色坊,染黄、绿、黑、紫、虾、青、佛面金等。"此外,比较复杂的印花技术也有了发展。至1834年法国的佩罗印花机发明以前,我国一直拥有世界上最发达的手工印染技术。

9. 刺绣

刺绣是用绣针引彩线,按设计的花纹在纺织品上刺绣运针,以绣迹构成花纹图案的一种工艺。古代称"黹""针黹"。因刺绣多为妇女所作,故又名"女红"。刺绣针法颇多,齐针、套针、抢针、长短针、打子针、平金、戳纱等几十种,丰富多彩,各有特

图219　绛色印花女裙残片
唐
长140厘米　宽14厘米
1968年新疆吐鲁番阿斯塔那出土
现藏新疆维吾尔自治区博物馆

图220　褐色印花褶裥罗裙
南宋
通长78厘米　下摆宽158厘米
1975年福建福州北郊黄升墓出土
现藏福建省博物馆

色。绣品运用范围广泛，既用于服装服饰，也用于生活日用品及屏风、壁挂等陈设品。

中国的手工刺绣工艺，历史悠久。相传轩辕黄帝的臣子伯余用麻布做衣服，在上面刺绣，称"絺绣"。《尚书·益稷》记载舜命禹作衣裳："予欲观古人之象，日、月、星辰、山龙、华虫作会；宗彝、藻火、粉米、黼黻、絺绣，以五彩彰施于五色，作服。"所见刺绣实物最早的是西周时期作品。1976年陕西宝鸡茹家庄西周墓中发现有丝织物及刺绣印痕，这是目前所见最早的刺绣实物。织物有三层，最上面一层为刺绣，涂染有红、黄、褐、棕等色，所用为辫绣针法。尽管其在技法上尚处于初级阶段，但作为一种工艺品种已经出现。

春秋时期刺绣工艺有了很大的发展。据文献记载，绣衣在贵族中已较为普遍，特别是齐鲁地区织绣工艺最发达，有"冠带衣履天下"之称。1984年河南信阳黄君孟夫妇墓中出土有两件紫色绣绢，是春秋时期刺绣的代表作。

战国时期刺绣工艺得到了迅猛发展，产量大，纹饰丰富华丽。例如1958年湖南长沙烈士公园楚墓棺内东西壁刺绣品，似为绢地。东壁绣龙凤蔓草纹，蔓草作"弓"形，龙凤与之相接，构成一幅优美的图案。西壁绣图案化的鹤鹿和花草枝蔓，画面活泼，布局匀称。这种在棺内饰绣品的形式，与"诸侯之棺必衣稀绣"的制度相符。湖北江陵马山一号楚墓出土了一批大型刺绣品，包括绣衾、绣袍、绣衣裤及衣服的绣缘，无论是尺幅、数量，还是花纹形式均为世之仅见，代表了战国刺绣工艺的高度成就。

从发现的春秋战国时期的刺绣品看，这一时期的绣品针法以辫绣为主，个别部位间以直针绣。在绣法上能根据花纹需要灵活巧施，如面积大的花纹采用多条辫子股并排施绣，不露绣底，也能绣得细密整齐。有的只绣花纹轮廓或枝蔓等细小部位，用单根或双根辫子股，将转折、弯曲的纹饰表现得精细、准确。还利用变换绣线色彩，使相同形式的花纹，具有了丰富多彩的层次感。善用对比色调，增加画面的视觉效果。这些手法的娴熟运用，均说明战国刺绣工艺的成熟。纹饰题材丰富，以龙凤瑞兽为主，藤蔓花草及几何纹为陪衬，显得丰富多样，华丽多姿，呈现出一派

图221　龙凤虎纹绣衣残片
战国
长114厘米　宽32厘米
1982年湖北江陵马山1号墓出土
现藏荆州市博物馆

图222　绢地乘云绣枕巾
西汉
长87.5厘米　宽65厘米
1972年湖南长沙马王堆1号汉墓出土
现藏湖南省博物馆

欣欣向荣、活泼奔放的气势。

　　汉代世风奢华，凡有钱之人"衣必纹绣"，促进了刺绣的发展。湖南长沙马王堆1号汉墓，墓主是长沙相夫人辛追。出土的刺绣品名目繁多，据墓中出土的"遣册"对照，有长寿绣、信期绣、乘云绣，按纹样有茱萸纹绣、方棋纹绣、云纹绣等。大到袍服，小至手套，代表了当时贵夫人服饰的最高水平。东汉刺绣品多出土于丝绸之路沿途，且多为小件作品。如土红地蔓草纹绣绢边饰，花纹丰富，有卷曲的蔓草、花枝，其间又点缀有凤鸟、回纹等，似有向写实风格转化的趋势。

　　汉代刺绣以辫绣为主，但技法更为成熟，特别是多色绣线的运用，使绣品图案、花色显得更为丰富。如长寿绣上的火焰纹、深棕色枝蔓等，都以多条辫子股并排绣满，使之突出醒目；一些细小的须蔓用单根或双根辫子股，显得纤细、灵活，又不失质感。除占多数的辫绣外，还出现了齐针绣、铺绒绣、网绣等几种新针法，标志着汉代刺绣工艺有了长足的发展。

　　魏晋南北朝时期，刺绣开始逐渐走出生活用品的范围，出现了一些专事于装饰的制品，而且随着佛教在中国的兴起，刺绣开始运用到佛教艺术中。敦煌莫高窟出土过一件北魏时期的刺绣佛供养人像，这是迄今最早的一件刺绣佛教艺术品。针法有了重大进步，传统的辫绣更为精细，可根据花纹需要，以高超的技巧转折圈点作满幅施绣。在齐针绣基础上还出现了滚针绣和钉线绣。如新疆阿斯塔那382号墓出土一件神鸟纹绣绢，在大红绢地上以七彩丝线绣一只共命鸟，一体二头。绣工精细，采用了辫绣外、齐针绣、滚针绣、钉线绣，其上流畅卷曲的细线条就是滚针绣。

　　唐代刺绣无论是技法和纹饰均有新的突破。刺绣在针法运用上，除了进一步完善自南北朝以来的平针、滚针等技法，还创造出套针、戗针、接针、缠针、平金、蹙金等众多新针法。如自敦煌流往英国的黄罗地绣牡丹拜垫、绣花鸟纹绢片、绣花卉鸟兽纹罗片等，就运用了套针、戗针、接针等技法。陕西法门寺出土的蹙金绣短袖衣、蹙金绣案裙、钉金绣绮、拜垫等，所用新针法，均是前所未见的。刺绣题材中盛行佛教内容，代表作如甘肃敦煌莫高窟藏经洞发现的大士像、释迦说法图等多幅唐代的刺绣佛像。

图223　大红罗地蹙金绣半臂
唐
身长6.5厘米　通袖长14.1厘米
1987年陕西扶风法门寺地宫出土
现藏法门寺博物馆

图224　刺绣瑶台跨鹤图
南宋
纵25.4厘米　横27.4厘米
现藏辽宁省博物馆

宋代刺绣受书画的影响，作品主要用于观赏，并以名家书画为样本，能反映出绘画的意境和神韵。明人张应文《清秘藏》中所说："宋人之绣，针线细密，用绒止一二丝，用针如发细者为之，设色精妙，光彩射目。山水分远近之趣，楼阁得深邃之体，人物具瞻眺生动之情，花鸟极绰约嚘喽之态，佳者较画更胜。"代表作如辽宁省博物馆藏宋绣瑶台跨鹤图、海棠双鸟图、梅竹鹦鹉图，台北"故宫博物院"藏梅竹山禽图、白鹰图等，都具有宋代院体工笔花鸟画的风格。

元代刺绣在技法上基本继承了宋代的传统，风格上以粗犷、豪放为主。元大都绣局专门制作帝王、官员的绣衣。皇帝绣十二章纹，百官公服依品级分别绣大小独科花、散答花、小杂花等。民间刺绣大量应用富有生活气息的写生图案，佛教题材也很盛行。

明清时期的宫廷绣工规模很大，绣工从全国各地招募而来。作品多为帝后袍服，及刺绣陈设品，如卷轴画、屏风等。技法纯熟、讲究，针法丰富，明代首创洒线绣，清代盛行平金绣和串珠绣。花纹图案具有程序化特点，各种花卉、龙凤是主要图案，具有时代和宫廷特色。代表作如北京定陵出土的明代红罗地绣龙万寿百子花卉女夹衣、洒线绣百花辇龙纹袍料，故宫博物院收藏的清代乾隆明黄缎穿珠绣龙袍、光绪石青缎地穿珠绣八团龙褂等。

明清时期民间刺绣也得到进一步发展，出现了号称"四大名绣"的苏绣、粤绣、湘绣、蜀绣。此外，顾绣、京绣、瓯绣、鲁绣、闽绣、汴绣、汉绣、麻绣和苗绣等，都各具风格，沿传迄今，历久不衰。

【小辞典·院体】

一般指宋朝翰林图画院开创并由后代宫廷画家承袭的比较工致一路的绘画风格，也专指南宋画院作品，或非官廷画家而追仿南宋画院画风之作，如明代中期的浙派作品。宋代画院将画法推向精微细致的写实高峰，形成了工笔细致的画风，影响后世深远，成为院体画的典型样式。以后历代画院所画的山水、人物、

御製題松下聽琴圖
松下班荊與誚何来周子
結同心靜濤幽操相問答兮
倒聽為塵外音

臣謝墉敬書

图225　刺绣御诗松下听琴图挂屏
清·乾隆
纵70厘米　横38厘米
现藏北京故宫博物院

花鸟等，大都要求技法高超，用笔工细，构图严谨，设色鲜明，有的有较强的装饰性。

10. 顾绣

顾绣是明代后期上海顾氏所创的一种刺绣。明嘉靖三十八年（1559）进士顾名世在今上海九亩地筑园，名"露香园"。顾名世有子三人，子孙辈均擅画，家中女眷均擅刺绣。世称其家刺绣，为"露香园顾绣"或"顾氏露香园绣"或简称"露香园绣""顾绣"。

顾名世长子顾箕英之妾缪瑞云擅长刺绣。她在继承宋绣劈丝、配色、针法等优秀传统基础上，在针法运用、配色和材料选配等方面有不少创新和发展。清姜绍书《无声诗史》中称缪氏刺绣人物"气韵生动，字亦有法，得其手制者，无不珍袭之"，当时就有"上海顾绣始于缪氏"之说。

顾名世次子顾振海之次子顾寿潜，能诗善画，是当时画坛盟主董其昌弟子，对顾绣情有独钟，别号"绣佛斋主人"。其妻韩希孟出身湖南武陵书香门第，擅刺绣及工笔画，所绘山水花卉笔墨清丽，当地有才女之名。嫁入顾家后，进一步发展顾绣针法，以针代笔，劈丝细过毛发，辅助羽毛、麻、绒等丰富色彩和质感，以及补色技巧来体现原画稿的神韵，行针运线精巧无比，将娴熟的刺绣针法与绘画中的笔墨技巧相结合，画绣结合，以画补绣，画理融于绣技之中，无论是山水人物，还是花草翎毛，无不具有水墨韵味，可谓达顾绣之大成。徐蔚南《顾绣考》称："韩希孟深通六法，远绍唐宋发绣之真传，摹绣古今名人书画，别有会心。"曾于明崇祯七年（1634年），以宋、元名画为蓝本，摹临刺绣，历经数年，汇成八幅方册，册尾有其丈夫顾寿潜的跋文，董其昌逐幅题词。这就是北京故宫博物院堪称绣画第一藏的《顾绣宋元名迹册》。

顾名世曾孙女顾玉兰，继承家学，能诗擅画，而且家传绣技高超。出嫁后数年即丧夫，以卖顾绣抚养独子。据清嘉庆年间《松江府志》记载："工针黹，设幔授徒，女弟子咸来就学，时人

图226　顾绣洗马图
明
纵26厘米　横23.9厘米
现藏辽宁省博物馆

亦目之为顾绣。顾绣针法外传，顾绣之名震溢天下。"可见，顾玉兰对顾绣的推广作出了很大贡献。

顾绣源起于名门闺媛，是极具观赏性的画绣艺术品，并无实用功能，成就一幅好作品要有"闲情逸致"及很高的艺术修养。晚清时局腐败动荡，民生困顿。在此历史背景下顾绣走向衰落，但它精湛的技艺随着绣娘散入实用性绣品的工坊而对苏、湘、蜀、粤四大名绣产生了深刻的影响。

顾绣真迹存世作品不到二百件，大多为各地博物馆作珍品典藏。目前收藏顾绣最多的是辽宁省博物馆，其中印有"韩媛绣""韩氏女红"的绣品有八幅。上海博物馆藏有韩希孟的《藻虾图》等四幅绣品。此外，江苏南京博物院、镇江博物馆、苏州博物馆等也收藏有传世的顾绣，如《杏花村》《山水三寿》等图轴。

总体而言，顾绣的独到之处是以宋元名画中的山水、花鸟、人物等杰作为摹本，画面均是绣绘结合，以绣代画。针法复杂且多变，一般有齐针、铺针、打籽针、接针、钉金、单套针、刻鳞针等十余种针法。为了更形象地表现山水人物、虫鱼花鸟等层次丰富的色彩效果，采用景物色泽的老嫩、深浅、浓淡等各种中间色调，进行补色和套色，从而充分地表现原物的天然景色，作品非画而似画，不仅具有极高的工艺价值，也具有极高的艺术价值。

11. 四大名绣

清代地方刺绣纷纷涌现，呈现出繁荣发展的景象，特别是苏、湘、蜀、粤等地，形成了独具特色的地方体系，其影响直至今日，被称为"四大名绣"。

苏绣指江苏苏州、吴县等地的刺绣。它在继承宋绣传统的基础上，以精、细、雅、洁著称。归结起来有如下特点：首先是针法丰富，尤其善于运用丝理转折、镶色和顺的擞和针、套针、各种戗针等；第二，绣工精细，将一根丝线劈成十几根，使绣面平齐、细腻；第三，用色淡雅、清新，善用中间色、晕色、和色技法，题材多为花鸟、山水、人物等。苏绣影响极大，宫廷刺绣中有许多就具有苏绣风格。苏绣工匠中名家辈出，最具代表性的有赵

图227 韩希孟绣花卉虫鱼册之一
明
纵30.3厘米 横23.9厘米
现藏上海博物馆

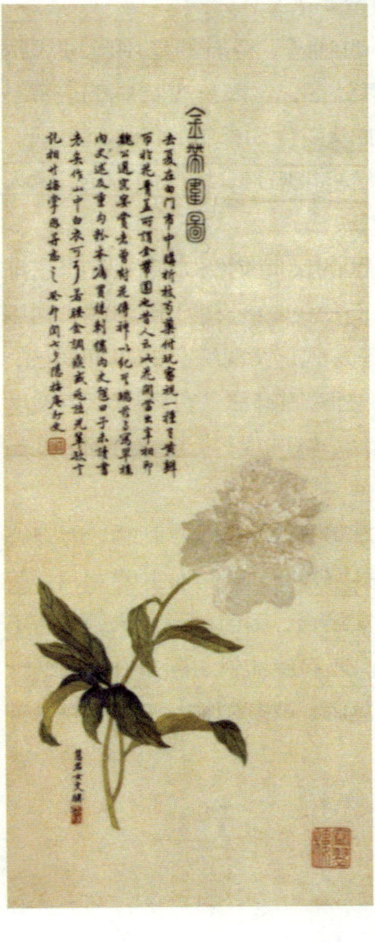

图228 赵慧君绣金带围图
清
纵28.2厘米 横70.5厘米
现藏上海博物馆

慧君、丁佩、沈寿等人。赵慧君为晚清昆山（今江苏昆山）人，画家顾春福妻。所绣山水、人物，色丝鲜丽，一如图画，有"画韵神针，可称双绝"之誉。上海博物馆藏有其刺绣金带围图，题材是折枝芍药，花枝约占整幅面积的五分之一，其余皆为名家题字。

沈寿（1874—1921），江苏吴县木渎人。原名云芝，字雪君，号雪宧。1904年慈禧太后70寿辰时，与夫余觉献八幅通屏《八仙上寿图》，得到慈禧亲书"福""寿"二字，因改名寿。创仿真绣，吸收西洋绘画的表现方法，绣出物象的明暗深浅，发展了传统刺绣针法。传世名作有刺绣牧羊图、刺绣观音像、刺绣耶稣像、刺绣美国女优倍克像等。曾开设女子绣工科，又称皇家绣工学校，教授绣艺，先后在苏州、北京、天津、南通等地课徒传艺，培养了大量刺绣艺术家。著有《雪宧绣谱》。

湘绣是指以湖南长沙为中心的刺绣。特点的是用丝绒线绣花，劈丝细致，并用皂荚仁液蒸煮处理，丝线具有特殊的光泽。在针法上吸收苏绣套针技法，并加以变化为参针，俗称乱插针。追求形象逼真，有"绣花能生香，绣鸟能听声，绣虎能奔跑，绣人能传神"之誉。

粤绣又称广绣，是指广东地区的民间刺绣，明代后期逐渐形成独特的地方风格。绣线为粗而松的绒线和孔雀羽线，利用走向、排列的疏密以及卷曲转折等方式，表现绣品的肌理质感；主要运用洒插针、松针、鸡毛针、刻鳞等针法。有采用彩色玻璃珠、电光片为原料的珠绣，还有具绣、钉广片等，金翠夺目。孔雀开屏、百鸟朝凤等是常见题材。

蜀绣又名川绣，是指以四川成都为中心的地方刺绣，历史悠久，与蜀锦并列为蜀中之宝。蜀绣以软缎、彩丝为主要原料，花鸟鱼虫为主要题材，构图简练，虚实结合，用色艳而不火，文而不黯，有花清地白之称。以套针为主，还有旋流针、棚参针、编纳针等，绣工平整，边齐如刀切。平沙落雁、黄莺翠柳、玉猫千秋、芙蓉鲤鱼等是常见题材。